# 권리權利를 위한 투쟁鬪爭
## Der Kampf ums Recht

예링(Rudolf v. Jhering) 저
정동호 · 신영호 역

세창출판사

　이렇게 저렇게 얽혀 있는 이해의 틀 속에 얽매어 지내다 보면, 웬만한 사람치고 제대로 인사를 차리고 지내기가 쉽지 않고 더구나 보고 싶은 책 한 권이라도 짬짬이 읽기란 어려운 일로만 생각되기 쉽다. 그도 그럴 것이 쪼들리는 살림에 하루 세끼 챙겨 먹기도 어렵고 사글세나 외상값을 제 날짜에 맞춰 내는 것도 예삿일이 아니다. 그래도 의식주(衣食住)의 문제를 남부끄럽지 않게 해결하고 가족의 돌봄은 각자가 해내지 않으면 안 되는 소임(所任)임에 틀림없다. 그러니 가진 것이라도 있든지 일할 만큼 튼튼하기나 하든지, 그렇지 못하면 짓게 되는 한숨이나 나오는 눈물을 탓할 수만은 없다. 이에 자기의 권리나 의무를 알고 지켜 나감은 소유나 노동력 못지않게 자기의 삶을 위한 최소한의 요구라고 해도 지나친 말이 아니다. 빈곤이나 궁핍은 결코 내세울 만한 변명거리가 아니다. 그렇다 보니 권리에 대한 바른 인식과 그 생활과의 융화는 곤궁을 비껴 자기대로의 삶을 짚어 나갈 수 있는 최소한의 디딤돌이라 할 수 있다. 여기에 두껍지 않은 이 책이 오래도록 세인의 눈길을 끌고 읽히는 비결이 깃들어 있는지 모른다.

　이 책은 예링(Rudolf v. Jhering)의 『권리를 위한 투쟁』의 제21판 (Der Kampf ums Recht, herausgegeben von V. Ehrenberg, 21. Auflage, Wien 1925)을 기본으로 삼고, 1874년 제4판의 『무수정 재인쇄본』 (Unveränderter reprografischer Nachdruck der 4. Auflage, Wien 1874)

의 1974년 판본을 참고로 번역한 것이다.

예링이 학문적 기초를 다진 19세기 중반에는 사비니-푸흐타 (Savigny-Puchta)의 역사법학파의 이론이 학문적 연구에서는 물론 실정법의 해석·적용에서도 대세의 풍조를 이루고 있었으므로, 다른 방법으로의 연구나 새로운 학설의 출현은 기대하기 어려웠다. 예링의 학문적 기초도 이 범주에 속하고, 그 영향 아래 대부분의 연구가 이루어졌다 해도 과언이 아니다. 『로마법의 정신』(Geist des römischen Rechts)은 그 색깔을 짙게 띠는 가운데 논구된 대표저서라 할 수 있다. 그러면서도 예링은 이에 머무르지 않고 역사법학의 비합리적 특성이 강한 이론적 경향을 꿰차고 벗어나 목적론적 개념구성이라든지 생활이익이 살아 숨쉬는 규범 영역의 구축이 가능하였던 것으로 생각한 것 같다. 실로 당시로서는 누구도 꿈꾸기 힘든 착상이요 의미 있는 결실이라 하지 않을 수 없다. 그리고 『일상생활 속에서의 법리』(Die Jurisprudenz im täglichen Leben, 1870), 『법에서의 목적』(Der Zweck im Recht, Bd. Ⅰ 1877, Bd. Ⅱ 1884), 『법리에서의 농담과 진담』(Scherz und Ernst in der Jurisprudenz, 1884), 점유의사(Der Besitzwille Zugleich eine Kritik der herrschenden juristischen Methode, 1889) 등의 저작도 그 살아 있는 법의 명맥을 이어가기에 조금도 손색이 없는 것들이라 할 수 있다.

우선 예링은 인간을 그 자신만의 존재체로 보지 않고 사회적 조직체, 더 나아가 국가나 교회 또는 각종 협회의 구성원으로 파악한다. 그러므로 각 개인의 이해관계는 그 자신을 위한 삶을 위해서뿐만 아니라 사회나 국가를 위한 필요관계임을 아주 중요시한다. 그러므로 예링의 기준에 맞춰 보면 각 물건이나 시설도 그 소유자의 것이면서도 일정한 군집(群集)이나 사회와도 직접적인 관련 아래 있는 것이다. 따라서 우리의 생활이익을 지켜주는 법은 각 개인의 이익을 보호해 주어야 함과 동시에 사회의 관련 이익도 놓쳐서는 안 됨을 강조한다. 그 결과 이웃과 함께 자기가 있다는 것과 자기의 생활이익이 곧 사회와 국가의 이익이라는 공존, 조화, 균익(均益)을 도모하는 것, 법의 현실적 기능을 법학의 중요한 과제로 삼고 있다. 그렇게 하기 위해서는 예외이기는 하지만 재산의 몰수(沒收)까지 정당화해도 괜찮음을 주저하지 않는다. 개인과 사회의 궁극적 화합질서를 잃지 않겠다는 결연한 의지의 표현이라 할 수 있다. 예링은 이러한 인간과 물건의 기본적 인식, 관계설정 위에 갖가지 이익(利益)을 개인, 국가 및 사회의 세 이익으로 분류하여 각 연구의 기초로 삼았으며, 이러한 분류는 그의 연구에서 그쳤던 것이 아니고 이후 로스코 파운드(Roscoe Pound)로 이어져 그 활용의 깊이가 심화되고 넓혀졌음은 지울 수 없는 공로라 하지 않을 수 없다.

서구적 시민의식을 제대로 갖추지 못한 채 전통적 사회체제나 생활·가치질서의 붕괴와 겹쳐 서양의 각종 문물제도를 접하게 되었다고 해도 과언이 아닌 우리로서는 서양법제나 규범양식이나 그에 따른 각 제도는 사회 자체의 파괴에 가까웠고 그에 맞는 사교나 대인관계 등 사회생활이나 학문의 숙지도 그렇게 쉽지 않았다. 그러므로 이 책에서 다루는 "권리를 위한 투쟁"은 그 이해의 폭이나 질이 떨어질 수밖에 없고 어느 내용은 생소한 것이라고 함이 적절한 표현일 것이다. 아주 드문 예이기는 하겠지만 어느 시골마을 논두렁에서는 코피 터지는 "물꼬싸움"이나 "갈개다툼"이 아직도 눈에 띄고, 버젓한 도심의 대로에서도 고개를 이리저리 꼬아대면서 측량판에 기점을 이어 맞추던 것을 심심치 않게 볼 수 있다. 그것이 그 옛적 벼 한 포기 더 심으려는 꼼수나 땅따먹기 하던 잔재는 아니겠지만, 건전한 권리의식이나 법감정의 발로에서 행해지는 것이라고는 보기 어렵지 않겠는가? 우리는 던져진 소유권을 비롯한 각 권리를 제대로 챙기지 못하면서 손해는 보지 않으려고 눈치는 볼 대로 보고, 이리저리 꼼지락거리는 것을 우습게 여기고, 거래의 상대방을 도외시하거나 얕잡아보면서도 남의 집으로 먹을 것은 꾸러 가지 않고 되풀이되는 궁핍을 면해 보고자 돈 받고 하는 일이라면 안 하고 못 하는 일이 없이 해치우고 지냈다. 수십 길 탄광에서 광물을 캐내기도 하고 수십 미터 건축공사장을 숨을 몰아쉬며 오르내리기도 했고, 낯선 중동지역의 모래 바람을 아예 시원하게 여기고 일에 묻혔고 퀴퀴한 냄새의 좁은 공간에서 밤을 지새우며 재봉틀을 밟아대기도 했다. 광복을 전후한 몇 십 년은 삶을 위한 몸부림, 존재의 그것이었다 해도 과언이 아니다. 여기에 투쟁이라는 말은 너무도 어색한 푸념일 따름이다. 누구를 위해서였던가? 누구를 위해서가 아니라 그 가난 때문이고 못 배운 한을 풀기 위해서였다. 그러는 가운데 권력의 끄나풀을 잡고 있는 모리배, 매연공장의 주인, 사설학원의 설립자 또는 투기꾼들은 왜 돈이 모이는지도 모르고 신종 권문세가라는 풍요 속에 살아가게 됐다. 착취(搾取)나 수탈(收奪) 또는 명분(名分), 그리고 합법(合法)이 빚어낸 신비한 결과다. 가난과 굶주림이 혹심한 가뭄이나 가혹한 징세, 왜놈 치하에서의 수탈이나 재산몰수 또는 공장주나 기업가의 착취에 있음은 너그러이 잊고 만 지난날이었음을 부끄럽게 생각하지 않으면 안 된다. 지난 짧지 않은 기간 동안 우리의 생활상은 곧 건전한 시민의식이 없는 가운데 자유민주화라는 울타리 없는 가운데 놓아기르는 고삐 없는 방목이나 마찬가지였다. 얼마를 지내고 보니 어느 놈은 재수 없어 고기감이 된 지 오래고, 어느 놈은 살져가지고 펄펄 날뛰고 어느 놈은 구석에 처박혀 먹을 것이나 주지 않을까 흘깃대고 있다. 그런데 목장 주인은 따로 있다. 부지런히 애써 모은 재산으로 자기도 뭣 좀 떠볼까 했더니 아예 마땅한 것이 없던지 너무 비싸다. 말하기 편하게 놀라운 경제발전, 보기 드문 자유민주의 성취, 시민의식의 정착 등등 뇌까려 대지만, 후진적 군벌독재, 편중된 금융혜택, 권세에 대해 매달리는 아부근성, 지나친 허세와 권위의식, 뒤얽힌 권익옹호나 항쟁, 약자에 대한 억측편견 등 그 뒷면을 한번이라도 되돌아보라. 무슨 할 말이 있는가, 자기 아버지는 훌륭한 독재자였다고, 아니면 파렴치한 정치인이었다고, 심지어 저명한 학자나 예술가였기 때문에 잘살 수밖에 없다고!?

그럼에도 불구하고 우리에게는 순진무구하게 지키고 간직해 온 허술한 말들이 있다. 부모님 잘 모시고 형제들과 잘 지내야지, 어른들께 공손히 해야지, 부지런히 잘 해야지, 아껴 쓰고 모아야지, 어려운 이웃은 도와주어야지 등 너무나도 간단하면서도 지키기 쉬운 생활규준이다. 아무리 바쁘고 힘든 요즈음의 세태라지만 잠시만 멈칫 생각해 봐도, "응 그래, 그렇지, 그래야 하는 거지"라는 쾌답이 바로 나온다. 이 속에 가혹한 부림, 혹독한 채찍, 억울한 누명에 대한 우리의 울분이나 투쟁의식은 묵언으로, 소리 없는 눈물로, 찢어진 피 흘림으로 묻혀버리고 만 예가 수두룩하게 많다.

이 책에서는 권리를 위한 투쟁이라는 말이 너무 지나치게 많지 않나 할 정도로 되풀이해서 쓰이고 있지만 그것은 이 책의 표제와 설명의 주제와 내용이 그대로 맞아떨어지기 때문이므로 그다지 탓할 게 아니다. 다만 투쟁이라는 말의 상징성으로 말미암아 자칫 오해의 소지가 될 염려는 있다. 다시 말하여 쓸데없는 분쟁(紛爭)이나 남소(濫訴)를 일으키게 할지도 모른다는 것이 그것이다. 습속적인 생활구조를 벗어나 도시 및 산업사회로 넘어오게 되면 이해관계를 꼼꼼히 따져야 하고 영리의 손길이 여기저기서 번뜩이다 보니 자기도 모르게 분쟁에 휘말리게 되고 끝내는 송사(訟事)까지 치르게 되는 경우가 적지 않다. 이와 함께 법은 그저 분쟁의 해결이나 압제의 묘책 정도로 여기는 경향이 짙다. 법을 전공하지 않는 사람으로는 이쯤 생각하고 지내는 것이 편하고 그런대로 점잖다는 평판을 듣기도 쉽다. 그렇지만 법질서는 동시에 사회의 존립을 담보해야 하는 평화질서이어야 한다. 이에 맞추어 법은 인간의 행위를 바르게 규율해야 하는 한편, 다른 일면으로는 분쟁의 혼미를 겪지 않고 각인의 이상을 도모해 나갈 수 있는 사회평화의 유지에 이바지해야 한다. 갖가지 뒤얽힌 사회구조와 생산체제의 맞물림 속에 살아가게 되어 있는 산업사회 내지 고도발전사회에서는 각종의 예방대책이나 조정 및 치유절차가 가능한 한 분쟁이나 소송을 미연에 방지하게 되는 셈이다. 지나친 송사는 예나 지금이나 주위 사람의 눈살을 찌푸리게 함은 생활척도의 가늠자는 쉽게 변하지 않는 것임을 잘 말해 준다.

최근 우리 사회의 실정은 이들 각 장면의 휩싸임을 한 눈에 볼 수 있는 표본이라고 해도 잘못된 말이 아니다.

빈빈하게 살 수밖에 없는 부유층, 한계적으로 살아가야 하는 근로대중, 일자리 찾아 헤매는 실업자군, 여기에 보살핌의 대상이 될 수밖에 없는 노인이나 빈민청소년, 그리고 결코 이에 끼려고 하지 않는 권문세가(權門勢家)나 집권실세(執權實勢), 그 하수인, 놀기도 싫증나는 부유재벌의 자제 등 이 참상은 어떻게 보아도 시기심이나 억울함은 그렇다 치더라도 분노·적개·항의·소송 아니면 무관심의 집적이라 하지 않을 수 없다. 이 각 경우에 투쟁은 필요적 통분요소이다. 그렇지만 여기서 쓰이는 투쟁은 좀 정제된 용어이어야만 한다. 즉 그에 의하여 자기의 이익이 지켜지고 사회의 평화가 소리 없이 깃든다는 전제 위에 의무적으로 행해져야 한다는 점이다. 이렇게 권리를 위한 투쟁을 하게 될 때 그것은 권리의 생존구조의 짜임새에 비추어 긍정적 가치가 따르는 것으로 평가하게 된다. 내일을 위한 살아 있는 오늘의 한 모습이라 할 수 있다. 무능한 집권층에 대한 항쟁, 무모한 권력질서를 바로잡자는 운동, 무책임한 탄압을 벗어나기 위한 집단항거 등은 그 모드를 그대로 여기에서 말하는 투쟁이 될 수 없다. 합법적인 법질서에 의거해 주어진 권리, 그렇지 않으면 인간으로서의 생활을 위해서, 사회의 안전 유지 존속을 위해서, 민족정서의 함양을 유지하기 위하여, 억울한 착취의 척결을 위해서라면, 이렇게 하는 것이 내 의무이다. 하지 않으면 안 된다는 결단 아래 투쟁을 하여야 투쟁이다. 이렇게 말하고 나서라도 돌이켜 보면 우리의 법 발전이나 구겨진 현실 그리고 그 논란의 행태에 시사하는 바가 너무나도 많고 절실함은 참으로 부끄러운 일이 아닐 수 없다. 아직도 조선조 말기의 정세, 왜정치하에서의 친일논쟁, 광복 이후의 군벌독재 등의 정변을 왜 자꾸 되돌아 씹어보게 되는 것일까? 자기를 포함한 사회발전의 인식기반이 짜여질 수 있을 만큼의 몸살을 덜 치른 것이 아닌가? 아니면 독재의 마군(魔軍)이 아직도 살아 있어 바르게 자랄 수 있는 싹의 돋움마저 갉아먹는 것이 아닌가 싶다.

예링의 대표적 저작의 하나라고 할 수 있는 이 책은 발간 이후 그야말로 보기 드물게 여러 나라의 언어로 읽혀 그 주제와 논지의 전개에 공감을 일으켰던 것 못지않게 오늘날까지도 수많은 독자층을 확보하고 있음은 참으로 놀라운 일이 아닐 수 없다. 거기에는 베니스의 상인의 살코기 1파운드를 대차지급보증으로 삼았던 홍미 이상으로 부당한 침해에 대한 권리의 방위를 가리켜 "권리자의 자기 자신에 대한 의무"라고 설파하고 다시 그것은 그 삶의 공동체에 대한 필요적 의무라고 단언한 예링의 예지적 주장과 논변에 있는 것이 아닌가 생각된다. "권리를 권리답게 하는 것은 그 침해에 대한 의무적 투쟁"에 있음은 거듭 씹어도 그 맛 그대로다. 이 속에 우리의 삶이 있고, 공동체사회, 더 나아가 건전한 국민생활의 기반이 있음을 명심할 필요가 있다. 여기 지금 우리의 살아 있는 삶 속에 권리와 법의 숨결이 맴돌고 있음을 찾아 지켜 나가지 않으면 안 된다. 이와 같이 연구의 기반을 구축해 놓은 예링의 공적은 법학의 자리매김과 실리를 잃지 않는 지속적 연구 및 발전을 위하여 참으로 다행이고 감사의 정이 오갈 수 있는 일이 아닐 수 없다.

　예링의 원저는 그 내용에 걸맞게 우리나라에서도 한두 권의 번역본이 나온 것으로 알고 있다. 그럼에도 불구하고 역자 나름대로의 관심과 우리 사회에 팽배해 있는 권리폭력적인 양상을 권리의 본질에 비추어 재음미해 보는 기회를 마련해 보자는 뜻에서 원저가 지니는 사회구조의 파악, 인식접근 내지 섭렵의 특성을 살려 옮겼고, 그에 부응케 하고자 원어나 한자의 괄호표기를 여유 있게 덧붙였다. 한자(漢字)의 통속적 속성이 공감대를 이루고 있는 작금의 추세에 비추어 결코 회피할 일이 아니라 생각한다. 번역을 함에는 독일어 원본, 영역본, 일역본까지도 참조하였고, 난삽한 부분을 좀 돌려 이해할 수 있도록 역자 주도 덧붙였음을 밝혀 둔다.

　이렇게 발간되는 소책자가 하루하루 더 냉랭한 계곡으로 치닫는 듯한 우리의 생활을 맑게 하고, 골골이 얽혀 있기는 하지만 사이사이 헤쳐 나갈 수 있는 묘책(妙策)이 깃들어 있는 우리의 사회문제를 넘쳐남이 없이 해결해 주는 밑거름이 되었으면 좋겠다는 소망이 간절하고, 그렇게 되게 할 수 있을 것을 믿어 의심치 않는다. 자기를 지탱해 주는 받침은 눈 위에 있지 않고 발아래 있음을 지그시 눌러 알고 지내면 어떨까 싶다.

　끝으로 법의 인식이나 일반적인 상식의 고취를 위해서도 끊임없이 읽혀질 수 있는 이 책의 귀한 가치를 높이 평가하여 흔쾌히

출판을 맡아주신 이방원 사장님, 그 밖의 임직원 여러분께 심심한 감사의 말씀을 드리며, 이 책의 자료 수집, 편집교정을 꼼꼼히 챙겨 봐준 윤명석, 강승묵 박사에게도 고마움을 전하는 바이다.

2015년 12월
역자 씀

1872년 봄, 필자는 빈(Wien)에 있는 법조협회(法曹協會; juristische Gesellschaft)에서 일장의 강연을 한 바 있다. 같은 해 여름, 그 강연록(講演錄)을 말끔히 증보하여, 보다 많은 독자층이 읽을 수 있는 체제로 꾸며 『권리를 위한 투쟁』(Der Kampf ums Recht)이라는 제목으로 출간해 냈다. 이 논문의 집필에서 출판에 이르기까지 필자가 내심 놓지 않았던 목적은 까다롭게 이론적이기보다는 실제에 비추어 윤리적·실천적이고, 법의 학문적 인식을 촉진하기보다는 도리어 법에 관하여 강한 확신을 잃지 않으려는 근기(根氣), 즉 권리감정(權利感情; Rechtsgefühl)을 간직하고 끊임없이 용감하게 실천하는 기백을 촉진코자 하는 것이었다.

이 소책자가 초판 이래 호평을 받으며 계속 판을 거듭하여 찍게 된 것은 그 새로운 창안이 풍기는 매력에 있는 것이 아니라, 이 책이 지니는 근본적 견해의 바른 정곡(正鵠)을 독자 여러분이 함께 확신하였기 때문이라고 생각한다. 그것은 이 소저(小著)가 작금 아주 많은 나라의 언어로 번역되어 나온 것만을 보아도 실감할 수 있다.

1874년에는 다음의 번역이 나왔다.
1. G. Wenzel의 헝가리어 역, Pesth.
2. 모스크바 간행의 법학잡지(法學雜誌)에 실린 역자 미상의 러시아어 역.

3. Wolkoff의 제2의 러시아어 역, Moscow.

4. M. A. Lappas의 신그리스어 역, Athens.

5. G. A. Van Hamel의 네덜란드어 역, Leyden.

6. 부카레스트 간행의 신문 로마눌루(Romanulu)(6월 24일 이후)에 실린 루마니아어 역.

7. Christic의 세르비아어 역, Belgrade.


1875년에는 이에 뒤이어 다음과 같은 단행본이 간행되었다.

8. A. F. Meydieu의 프랑스어 역, Vienna and Paris.

9. Raffaele Mariano의 이태리어 역, Milan and Napoli.

10. C. G. Graebe의 덴마크어 역, Copenhagen.

11. 역자 미상의 체코어 역, Bruenn.

12. A. Matakiewiez의 폴란드어 역, Lemberg.

13. H. Hinkovic의 크로아티아 역, Agram. 이 번역은 처음에는 잡지 프라보에 게재되고, 나중에 단행본으로 간행되었다.


그리고 1879년에는,

14. Ivar. Afzelieus의 스웨덴어 역, 우프사라.

15. John. J. Lalor의 영어 역, 시카고.


1881년에는,

16. Adolfo Poseda y Biasca의 스페인어 역, 마드리드.


1883년에는,

17. Alfonso de Pando y Gomez의 제2의 스페인어 역, 마드리드.

18. Philip A. Asworth의 제2의 영어 역, 런던.

1885년에는,
19. Joâo Vieica de Aranjo의 포르투갈어 역, 브라질.

1886년에는,
20. 西[周]의 일본어 역, 동경.

1890년에는,
21. O. de Meuienaere의 제2의 프랑스어 역이 나왔다.

첫 출간 이후에 나온 책에서는 책의 양식을 다소 변경하였고, 지금까지 앞머리에 경과를 밝히느라 붙였던 부분은 대략 간추려 적거나 생략하기도 하였다. 왜냐하면 그 내용은 여기에 할애된 좁은 지면으로는 설명할 수 없는 사조(思潮)의 흐름과 관련되어 있기 때문이다. 그리고 이 책을 법률가 아닌 일반인이 더 많이 읽을 수 있도록 하기 위해서는, 아직도 주로 법률가를 위해서 쓴 것이라는 느낌을 주는 부분, 예컨대 로마법이라든가 그 근대이론(近代理論)에 관한 마지막 절(원서 75면 이하, 본 역서 제4장 이하) 같은 것은 생략하는 편이 낫지 않을까 싶기도 하다. 만일 필자가 이 책의 출간 이후에 받은 정도의 호응을 미리 짐작이라도 할 수 있었더라면, 아마도 이 글을 다른 형태로 펴냈을 것이다. 그렇다 하더라도 이 내용은 본래 법률가들 앞에서 한 강연을 기초로 하여 꾸며졌으며 누구보다도 우선적으로 법률가를 대상으로 한 것임에 틀림없다. 그렇기 때문에 이제 와서 새삼스럽게 그 내용을 달리 꾸며야 할 것으로 생각하지는 않는다. 그러한 호응 여부와는 관계없이 이 책의 내용은 원래 법률가들 앞에서 한 강연(講演)이었으므로 다른 것과 결부하여 이를 변경할 것인지 등은 따질 필요가 없다고 생각한다. 그도 그럴 만한 것은 이러한 잡스러운 일이 법률가 아닌 일반인 사이에서 이 책이 읽히는 것에 아무런 영향도 주지 않는다는 것은 이미 판명된 바 있기 때문이다.

이 책의 내용에 관해서는 이후 되풀이된 간행에서 별다른 손질을 가하지 않았다. 필자는 이 책의 근본이념(根本理念)은 아직도 곧이곧대로 옳다고 생각하고, 더욱이 그다지 논박할 하자도 없으므로, 이를 가지고 논쟁을 벌이는 사람들에 대해서는 굳이 변명을 하기조차 구차스러운 일이라 하지 않을 수 없다. 자기의 권리가 비열한 방법으로 멸시되고 심지어 유린되기까지 하는데도 자기의 소유물(所有物)이라든지 자기의 인격(人格)이 무시되고 있음을 알아채지도 못하는 사람, 또한 그러한 상황에 있으면서도 자기 자신과 자기의 정당한 권리를 진지하게 주장할 생각조차 하지 못하는 사람들은 도저히 구제할 길이 없다. 그렇기 때문에 필자 개인으로는 그러한 유형의 인간이 말하는 것은 그저 지나가는 일로 쳐버리면 그만이지만, 필자에게 굳이 일러 말하라고 한다면, 이른바 법률속물(法律俗物; Rechtsphilister)이며, 그 특징은 무미건조한 이기주의(利己主義)와 유물주의(唯物主義)의 색향 바로 그것이다. 이런 유형의 사람은 권리의 주장에 있어서 물질적 이익과는 다른 종류의 이익을 추구하는 사람들을 모두 돈키호테(Don Quixote)라 부를 테지만, 그렇다면 그들 당사자들은 그대로 법의 세계에서의 산초 판자(Sancho Panza)로 불려야 한단 말인가? 이와 관련해서는 이 책의 출간 이후 필자가 처음으로 알게 된 칸트의 다음과 같은, 즉 "자기 자신이 곤충 같은 생활을 하는 자는 이후에 발로 짓밟힌다 할지라도 불평을 해댈 자격이 없다"는 말이 가장 적절할 것으로 생각된다.[1] 그리고 다른 곳(동서 185면)에서 칸트는 이것을 "자기의 권리를 타인의 발 아래 저버려 두는 것은 자기 자신이 지고 있는 인간 의무의 위반"이라고 말하면서, 『우리들의 내면에 있는 인간성(人間 性)의 존엄에 관한 의무』에서 "벌(罰)을 받으면 받을 것이지 그러 지 않고, 자기의 권리를 타인에게 유린시키지 말라"는 격률(格率) 을 이끌어 내고 있다. 이것은 필자가 이 책의 본문 중에서 상세하 게 논술한 것과 궤를 같이하는 사상이며, 이러한 사상이야말로 모 든 건실한 개인과 국민의 가슴 속에 새겨져 있고 또한 각양각색의 표현으로 얘기되곤 하는 것이다. 필자가 해낸 공적이라고 할 수 있 는 것은 이 사상을 체계적인 기초 위에 좀 더 정밀하게 논파한 점 이라고 할 수 있을지 모르겠다.

필자의 이 책에 관한 진지한 연구로서, 슈미들 박사(Dr. A. Schmiedel)의 『유대교와 원시기독교의 관계에 있어서의 권리를 위 한 투쟁에 관한 논구』(Die Lehre vom Kampf ums Recht im Verhältniss zu dem Judenthum und dem ältesten Christenthum, Wien, 1875)라는 책이 있다. 이 유대인 법학자가 이 책의 15면에 기술하 고 있는, 즉 "권리의 목적물(目的物)이 1페니(penny)이거나 100굴 덴(Gulden)이거나 아무런 차이가 없다"고 한 말은 필자가 본서(원 저 18면, 본 역서 제2장)에서 서술한 것과 완전히 일치한다. 프란초 스(Karl Emil Franzos)는 그의 소설 『권리를 위한 투쟁』(Der Kampf ums Recht) 중에서 이 주제의 시적(詩的) 각색을 시도하여 그려낸 바 있다. 이 소설에 관하여는 필자 자신이 본문(원저 65면, 본 역서 제4장) 중에서 논평까지 한 바 있다. 이 책에 관한 내외 각국에서의 비평(批評)은 너무 많아서 여기에서 그것을 하나하나 열거하여 밝

---

1 칸트, 『도덕학(道德學)의 형이상학적 기초』(Metaphysische Anfangsgründe der Tugendlehre), 제2판, 크로이츠나흐(Kreuznach), 1800, 133면.

히는 것은 생략하기로 하겠다.

이 책에서 피력하는 견해의 옳고 그름의 판단 여부는 그 자체 본문의 영역에 속하므로 독자들에게 맡기기로 하고, 여기서는 자기가 반론을 제기할 의무가 있다고 생각하는 사람들에 대하여 단 두 가지만 밝혀 두고자 한다. 그 첫째는 필자가 권리를 위한 투쟁을 아무 분쟁에서나 해야 하는 것으로 주장하는 것은 결코 아니다. 오로지 어느 권리에 대한 공격(攻擊)이 동시에 인격의 멸시(蔑視)까지 포함하고 있는 경우에는 투쟁하지 않으면 안 된다고 하는 것이다(원저 22면, 23면, 본 역서 제3장). 필자의 이 소견을 곡해하여 마치 아무 일이나 지껄여 부추기는 것을 좋아하고, 소송벽(訴訟癖)이나 분쟁벽(紛爭癖)을 옹호하기나 하는 사람으로 생각하지 않았으면 좋겠다는 것이다. 겸양과 화해, 관용과 화평, 담론과 권리주장의 포기 같은 것은 필자의 이론 중에서도 상응한 의미를 곁들여 충분히 기술되고 있다. 필자의 이론을 탐탁지 않게 여기는 것은 한낱 나약함, 안일, 게으름으로 말미암아 뒤집어쓰게 되는 불법(不法)을 비굴하게 감수하는 것을 이를 따름이다.

필자가 두 번째로 바라는 것은 필자의 이론을 진정으로 이해하려고 한다면, 여기에서 전개하고 있는 실천적 태도의 적극적인 방식에 견주어 이와 다른 자기 나름대로의 적극적인 방식을 꾸며 보려고 해야 할 것 아니냐 하는 점이다. 그렇게 되면 어떠한 결론에 도달하게 되는지를 바로 알게 될 것이다. 자기의 권리가 유린되었을 때 권리자로서의 그 사람은 어떻게 해야 하는 것인가? 이 물음에 대하여 필자의 견해와는 다르지만 그대로 견지될 수 있는, 즉 법질서의 존속과 인격의 이념에 들어맞는 답을 할 수 있는 사람은 그야말로 필자의 견해를 배격(排擊)하는 셈이 된다 할 것이다. 그러나 그렇지 못한 사람은 필자의 의견을 그대로 승인하든가, 그렇게 못하겠으면 쓸데없이 불만(不滿)과 부인(否認)만을 일으켜 자기 독자의 견해를 세우는 것처럼 하지 말고, 그저 멍청한 사람의 특징인 어설픈 미완성에 그대로 만족하여 내버려두거나 어느 하나를 택하는 수밖에 없다. 순전히 학문적인 문제라고 한다면 설령 그에 대치할 만한 알찬 진리를 내세우지는 못하더라도 그저 견해상의 오류를 논박하는 것만으로도 얼마든지 의미 있는 것으로 허용될 수 있다. 그렇지만 실천적 문제에 있어서는 어쨌든 행동으로 옮길 수 있어야 한다는 것이 기정사실이고, 다만 어떻게 행해야 되는지가 문제이므로, 다른 사람이 제시한 적극적 방식을 적절치 않다고 배척하는 것만으로는 부족하며, 이에 대치할 수 있는 다른 방침을 강구해 내야 한다. 필자는 필자가 내세운 논구에 관하여 이러한 일이 일어나기를 기대해 왔지만 아직까지 이에 대한 아무런 반응도 찾아볼 수 없었음이 못내 아쉽다.

이제 마지막으로 필자의 이론 자체와는 그다지 관계가 없는 부차적인 문제점에 관하여 몇 마디 하고 끝내려고 한다. 왜냐하면 그것은 다른 점에 관해서는 필자와 견해를 같이하는 사람인데 그로부터 특히 한 논점에 대하여 반론이 있었기 때문이다. 그 논점은 샤일록(Saylock)이 당한 불법(不法)에 관한 필자의 주장과 관련된 것이다(원서 58면, 본 역서 제4장).

원래 필자가 주장했던 것은 법관이 샤일록의 증서(証書)를 유효한 것으로 인정해야 한다는 것이 아니었다. 법관이 일단 그것을 유효한 것으로 인정하였으면 그에 따라 판결을 내림에 덧붙여 비열한 잔꾀로써 그 증서를 무효로 되게 해서는 안 되는 것이라고 피력한 것이었다. 일정한 증서를 유효한 것으로 보든지 아니면 무효로 보든지의 여부는 전적으로 법관의 재량(裁量)에 속한다. 이 판결에서 법관은 관련증서를 유효한 것으로 가늠했다. 그리고 세익스피어(Shakespeare)는 이 판결만이 법률상 유일하게 내려질 수 있는 것으로 기술하고 있었던 것이다. 베니스의 시민들은 어느 누구도 이 증서가 유효하다는 데 대하여 의심스럽게 여기지 않았다. 안토니오(Antonio)의 친구도, 안토니오 자신도, 총독(總督)이나 법원(法院) 모두가 이 유태인이 정당하다는 데 대하여 의견을 달리하지 않았다.[2] 그리하여 샤일록은 일반적으로 승인되고 있는 자기의 권리에 대한 깊은 확신을 가지고 법원의 구제를 요구하였던 것이다.

---

2 제3막 제3장. 안토니오: 총독(總督) 각하라 할지라도 법을 곡해할 수는 없다. 왜냐하면 … 운운.

제4막 제1장. 총독: 도저히 법률적 수단으로는 그의 미워함을 면할 수 있게 할 수 없으니. 포샤: 베니스의 법률로서 그에게 책임이 없다고 할 수는 없다. 베니스에서 아무리 권력이 막중한 세력가라 하더라도 유효한 법률을 변경할 수는 없다. ─법률의 내용과 결정은 여기 증서 중에 채무가 있다고 되어 있는 변상금(辨償金)과 완전히 일치한다. ─여기에 있는 상인의 살 1파운드는 그 사람의 것이다. 이 법정이 그것을 재정하고 법이 그것을 주는 것이다. ─따라서 증서에 완전한 효력을 주는 법규, 즉 명제(命題)로서의 법(jus in thesi)이 일반적인 승인에 의하여 아무 의심의 여지가 없는 것으로 인정하였음은 물론이다. 그리고 판결, 즉 가정(假定)으로서의 법(jus in hypothesi)도 그때 이미 선고를 내린 것인데, 그 다음에─법률가라면 집행심(執行審; executionsinstanz)이라고 할 것이다─법관 자신이 비열한 기만적 계략에 의하여 그것을 실효케 한 것이다. 만일 이렇게 할 수 있다고 한다면, 법관이 채무자에 대하여 지급하라는 판결을 내려놓고서, 집행심에서는 채권자에게 그 금액을 용광로 속에서 꺼내가라고 명한다든지, 혹은 지급장소에 관하여 증서에 아무런 약정도 없다는 이유로 채무자가 지붕 있는 집에 사는 사람이라고 한다면 탑의 꼭대기에서, 잠수부라고 한다면 바다 밑에서 수령해 가도록 명할 수도 있다고 해야 할 것이다.

그런 가운데 남달리 "명석한 다니엘(Daniel)"도 이 복수(復讐)에 주려 있는 채권자의 결의를 뒤바꿔보려고 그 권리를 포기하도록 사전에 시도해 보았으나 끝내 그 노고가 허사임을 알고 샤일록의 권리를 인정하였던 것이다. 이렇게 하여 끝내 그대로 판결이 내려지고, 이 유태인의 권리에 대한 갖가지 의문점이 법관에 의하여 말끔히 제거되어, 그에 대한 어떠한 이의(異議)도 제기할 수 없고 총독(總督)을 포함한 전 참석자들이 법이 지니는 피할 수 없는 결정에 그대로 따르게 되었다고 쳐야 할 즈음—이제는 그 목적했던 바의 일을 겨우 성공적으로 끝내게 된 승리자(勝利者)가 판결이 그에게 인정해 준 것을 막 실행하려고 하자 그의 권리를 엄정히 인정해 준 당해 법관의 번복에 의하여, 더구나 조금도 진지하게 논박할 만한 가치도 없으며 파렴치하고도 말도 안 되는 책략(策略)에 의하여 그의 권리는 일전하여 없는 것으로 되고 말았다. 도대체 이 세상에 피 없는 고기 덩어리가 있을 수 있는가? 안토니오의 신체에서 1파운드의 고기 덩어리를 잘라낼 권리를 샤일록에게 인정한 법관은 이와 동시에 그것 없이는 고기 덩어리라고 할 수 없는 그 피까지도 취해야 할 것을 그에게 주문하였던 것이다. 흔히는 1파운드의 고기 덩어리를 잘라낼 수 있는 권리를 가진 사람은 자기 마음대로 1파운드보다 적은 양의 고기 덩어리를 잘라내도 괜찮을 것임은 물론이다. 그런데도 이 두 가지 중 어느 것도 이 유태인에게는 허여되지 않았다. 그는 피 없이 오직 고기로만 잘라 취해야 하고, 그것도 너무 많아도 안 되고 조금이라도 적어도 안 되는 아주 정확하게 1파운드만을 잘라내어 취하지 않으면 안 되었다. 이 경우 이 유대인은 자기의 권리를 사취당했다고 필자가 말한다면 지나친 억지가 되는 것일까? 물론 이것은 인도(人道)에 따른 이익을 위해서 벌어진 일이기는 하다. 그렇기는 하지만 불법(不法)이 인도적 이익을 위하여 저질러졌다고 하여 그 불법은 불법이 되지 않는 것인가? 그리고 만일 목적(目的)이 수단(手段)을 신성화(神聖化)할 수도 있는 것이라고 친다면, 어째서 이에 앞서 판결 자체에서 그렇게 하지 않고 선고 후 뒤늦게 그렇게 하려고 한 것인가?

이 책의 서문과 본문에서 주장해 온 견해에 대하여 이미 이 책의 제1판 출판 이래 수차에 걸쳐서 지적되어 온 갖가지 반론에 관하여는 제6판의 출판(1880년) 후, 두 사람의 법률가가 각각 그 저서에서 논급하고 있다. 그 중의 하나는 지방법원(地方法院)의 소장인 피처(A. Pietscher)의 『법률가와 시인─예링의 권리를 위한 투쟁과 셰익스피어의 베니스의 상인에 대한 연구 시론』(Jurist und Dichter, Versuch einer Studie über Jhering's Kampf ums Recht und Shakespeare's Kaufmann von Venedig, Dessau, 1881)이다. 여기에 이 저자의 견해의 핵심을 그 자신의 다음과 같은 말(동서 23면)로 그대로 옮겨놓아 보겠다. 즉 "더욱 악질적 간계(奸計)에 의한 기존 계략의 정복, 악한 자는 자기 자신이 설치해 놓은 덫에 걸려든 것이다"라는 말이 그것이다. 이 문장의 전단(前段)에서는 그는 그저 필자 자신의 견해를 재현하였음에 불과하다. 필자는 다름 아니라 샤일록이 간계에 의하여 자기의 권리를 사취당한 것이라고 주장한 것이었다. 그러나 도대체 법은 이러한 수단으로 도피하여도 그냥 내버려둬야 하고, 그렇게 할 수 있다고 하여 꼭 그렇게 하여야만 되는 것인가? 이 문제에 대해서는 피처는 사실 그대로 답변할 책임이 있다 할 것이고, 필자는 그가 법관의 지위에 의거하여 이러한 수단을 끌어 쓰고 있는 것이 아닌지 의심스럽기까지 하다. 이 문장의 후단(後段)에 관하여는 다음과 같이, 즉 일단 베니스의 법률이 이러한 증서를 유효한 것으로 선고한 이상 이 유태인이 그 증서를 채용하였다고 하여 그는 이 이유만으로 악한 사람이라고 할 수 있는 것일까? 그리고 거기에 계략적인 덫이 걸려 있음을 발견하였다고 하면 그 책임은 그에게 있다고 해야 할 것인가? 아니면 그 법률에 있는 것인가? 라고 묻고 싶다. 이렇게 추론해 가면 필자의 견해는 논박당한다기보다는 도리어 한층 더 힘을 얻게 된다. 이와 다른 견해를 취한 또하나의 저작(著作)이 있다. 그것은 뷔르츠부르크(Würzburg) 대학의 교수 콜러(Jos. Kohler)의 『법학의 논정(論庭)에 선 셰익스피어』(Shakespeare vor dem Forum der Jurisprudenz, Würzburg, 1883)이다. 그에 의하면 『베니스의 상인』이 펼쳐진 법정(法廷)의 장면은 "법의 본질과 생성의 핵심을 그 바탕으로 하고 있으며, 또한 열권의 판덱텐(Pandekten) 교과서보다도 더 심원한 법학의 내용을 지니고 있고, 더욱이 사비니(Savigny)로부터 예링에 이르는 법사학(法史學)의 저작보다도 한층 더 깊이 있게 법의 역사에 대한 눈을 뜨게 해 주었다"(동서 6면)라고 한다. 법학에 대한 셰익스피어의 이 놀랄 만한 공적을 말하게 되면, 지금까지 전 법학이 그 존재를 알아채지도 못하고 있었던 것, 즉 법의 신세계를 발견한 것이므로 그 지대한 공로는 저 콜럼버스(Columbus)와 같은 발견자에 견주어 매장물발견(埋藏物發見)의 법칙에 따라서 그 일부가 그에게 돌아가야 마땅하거늘 그렇지 못한 것은 그렇다 치고, 이렇게 그 가치를 기려 평가하는 것만이라도 받아들여 흡족히 만족해 주기 바랄 뿐이다. "셰익스피어가 그 작품에 불어넣은 풍요로운 법학적 이념"(동서 92면)에 관하여는 독자 여러분이 이 작품 자체로부터 스스로 배우는 수밖에 없을 것 같다. 필자는 젊은 법학도들이 이야말로 법의 새로운 복음서(福音書)라고 하여 포샤(Portia)의 문하생(門下生)이 된다고 하더라도 조금도 나무라고 싶은 생각이 없다. 그러한 것은 어찌 되었든지, 문제의 포샤여! 그대에게 영광 있기를! 왜냐하면 그녀의 판결은 "지금까지의 법률상태를 뒤덮고 있던 암흑(暗黑)의 어두움을 밝게 비추는 법률의식의 승리이며, 그것은 그럴 만한 필요가 있기 때문에 거짓의 이유를 내건 가면(假面)을 쓴 구실(口實)의 뒤에 숨겨진 것 같은 승리인 것은 어쩔 수 없다. 그렇다 하더라도 이것은 어디까지나 승리이며, 그것도 이루기 어려운 힘찬 승리이다. 즉 다만 이 한 소송에서의 승리에 그치는 것이 아니라 법률사(法律史) 일반에 견주어서도 승리임에 틀림없다. 그것은 생각지도 않게 다시 한번 법원에 풋풋한 영광을 안겨준 태양이며, 이렇게 하여 자라스트로(Sarastro)[3]의 나라는 암흑의 힘을 이겨내게 되었다"라고 이 저자는 찬양을 아끼지 않는다. 이 저서에 의해서 새로이 개시된 법학의 첨단에 오르게 된 포샤와 자라스트로 이외에 총독(總督)의 이름도 끼워 넣어 주어야 하겠다. 그 총독이라 하더라도 종래에는 '전래의 법률학'의 굴레[羈絆]에 얽매어 '암흑의 힘'이 하자는 대로 끌려다닐 수밖에 없었던 것이지만 포샤의 구제적 언사(救濟的 言辭)에 의해서 그로부터 해방되어 비로소 그의 본연의 임무이어야 할 '세계사적(世界史的)' 사명을 알아차리게 되었던 것이다. 총독은 지금까지의 태만(怠慢)을 말끔히 떨쳐버렸다. 다른 어느 일에 앞서 그는 샤일록에게 살인미수(殺人未遂)의 죄가 있음을 선고한다. "비록 거기에 다소의 부정(不正)이 있다 할지라도 그러한 부정은 세계사적으로 보아 그 이유를 찾아내기가 그다지 어렵지 않다. 즉 그것은 세계사적 필연의 결과라 할 수 있고, 이 요소를 받아 끼워 넣음으로써 셰익스피어는 법률가로서 평상시에 해 오던 이상의 수완을 발휘한 것이다. ─샤일록이 그 요구를 거절당하고 게다가 처벌까지

---

3 [역자 주] 자라스트로(Sarastro): 모차르트의 가극 『마적(魔笛)』 K620 중에 나오는 고승(高僧) 자라스트로임. 악을 대표하는 밤의 여왕에 대하여 선을 대표하는 승려로 되어 있음.

받게 한 것은 그 승리를 장식함에 없어서는 안 될 설정이고 이와 함께 새로운 법이념이 화려하게 등장케 한 것은 너무나도 통쾌하다"(95면). 그렇게 하고나서 그는 이 유태인에게 그리스도교도가 되라고 권고한다. '이 요구'도 마찬가지로 "보편사적인 진리를 포함하고 있다. 이 요구는 우리의 감정에 들어맞지도 않고, 또한 신앙의 자유에도 저촉한다. 그러나 그것은 과거 수많은 사람들이 부드러운 말씨로 개종(改宗)을 전파해 왔음을 끊어버리고 교형담당자(絞刑擔當者)의 직책을 암시함으로써 신앙고백(信仰告白)의 경지에까지 발을 들여놓게 되는 세계사의 흐름에도 그대로 들어맞는다"(86면). 이것이 언필칭 '진보(進步)의 태양이 법원에 내려 쪼여준 훈훈한 햇볕'인 것이다. 유태인과 이교도들은 일찍이 토르케마다(Torquemada)[4]의 장작더미 위에서 그 따끈따끈한 열의 힘을 배워 익혀 알고 있는 것이다! 이렇게 하여 자라스트로의 나라는 암흑의 힘을 이겨냈던 것이다. 현명한 다니엘이 되어 전래의 법을 무너뜨린 한 사람이 된 포샤, 그녀를 뒤따랐던 한 사람의 총독, '세계사적'이라는 표징어(表徵語)를 내걸고 그 여자의 선고를 변호했던 '심원한 법학 및 법의 본질(本質)과 생성(生成)의 핵심'을 감수해 낸 한 사람의 법률가, 고작 이들이 그 배역을 맡아 해낸 사람의 전부이다! 여기까지 옮겨 놓은 이것이 당해 저자에 의하여 필자 본인이 초대된『법학의 논정(論庭)』이다. 그러나 이 저자는 필자가 거기까지 그를 따라가지 못했다 하더라도 그것은 일부러 가지 않으려고 하는 것이 아님을 양지해 주었으면 좋겠다. 그가 우리를 위하여 열어준 법률학의 신기원(新紀元)에 참가하기에는 누가 뭐래도 필자의 머리 속에는『갖가지 판덱텐교과서』에서 배워 익힌 너무나도

---

4　[역자 주] 토르케마다(1420-1498): 스페인의 초대 종교심문관. 광신적인 법관으로서 엄격한 판결, 잔악한 형벌을 과한 것으로 유명함.

많은 옛 법학(法學)의 사고가 스며 남아 있다. 그러므로 필자가 설령 이 저자와 같은 형안(炯眼)을 갖추고 있다 할지라도 실정법(實定法)의 모든 연원과 사비니로부터 요즈음에 이르는 1세기에 걸친 법률사적 문헌(法律史的 文獻) 전체보다도 더욱 깊은 법의 생성에 관한 관견(管見)을 베니스의 상인으로부터 얻어낼 수 있을지도 모른다는 그럴싸한 풍문 같은 권유에는 속아 넘어가기 어려울 것이고, 필자는 법률사의 분야에서도 역시 지금까지 걸어온 길을 그대로 지켜가야 할 것으로 생각한다.

1876년 12월 27일자의 알바니 로 저널(Albany Law Journal)이라는 미국의 잡지에 실려 있는, 시카고에서 발행된 필자의 이 저서의 영역본(英譯本)에 관한 비평은 필자에게 다음과 같은 사실을 알게 해주었다. 그것은 필자가 이 저서 속에서 포샤의 판결에 관하여 주장한 견해는 이미 필자에 앞서 이 잡지의 전년 호에 동 잡지사의 어느 기자가 집필해 실렸던 것이며, 더욱이 당해 논문의 집필기자라는 사람은 이 일치(一致)를 가지고 필자 측의 표절(剽竊)(그 기자는 버릇없게도 "절취당한 것"이라고 적기하고 있다)에 의한 것이라고 말하고 있지만, 그것은 어처구니없는 한낱 억지일 따름이라고밖에 변명할 도리가 없다. 필자는 독일의 독자들에게 이 흥미 있는 발견을 숨길 생각은 추호도 없다. 그것은 표절이라고까지 되어 있는 점으로 보아 가장 극심한 험담이 아닌가 싶다. 그럴 수밖에! 필자는 이 책을 써낼 당시까지 그 잡지를 본 일도 없고, 더욱이 그러한 잡지가 있는지조차 몰랐기 때문이다. 어쩌면 그 속뜻에는 필자의 이 저서까지 본인에 의하여 저술된 것이 아니라 미국에서 공간된 영역본을 독일어로 번역한 것이 아니겠는가라고 하려 했던 것이 아닌가 싶다. 어떻게 되었든지 그 후에 발간된 잡지(1880년 3월 28일,

제9호)에서 알바니 로 저널지의 편집부는 필자의 반론에 답하여 이모든 일은 농담(弄談)이었다고 설명하고 있다. ―참으로 기가 막힐 농담도 다 있지. 이렇게 하여 대양의 저편 사람들은 자기들이 한 건 해치운 것으로 마무리 짓고 넘어간 셈이다.

필자는 이 책이 처음 출간되었을 때 소책을 드렸던 부인(아우구스테 폰 릿트로 비숍 여사)에게 몇 마디 추억의 담(談)을 하지 않고서는 구판(舊版) 이래 조금도 수정을 가하지 않고 이어온 이 서문(序文)을 끝맺을 수가 없다. 제9판의 출간 후, 죽음이 그 여인을 데려갔고, 그리하여 필자는 그렇게 부르는 것만으로도 자랑으로 삼았던 한 사람의 여자 친구를 잃고만 것이다. 그 여인이야말로 필자의 생애 중에 만났던 가장 뛰어난 여인 중 한 사람이었다. 그 여인은 그저 그 정신과 비범한 교양과 박식함에서 탁월하였을 뿐만 아니라 실로 그 아릿다운 심성에서 빼어났다 할 수 있다. 이렇게 말해도 될지는 모르겠으나, 필자는 빈(Wien)에 부임해 갔던 것을 운명적으로도 가장 행복한 섭리의 하나였다고 생각한다.

그녀의 이름을 책머리에 실은 이 소저가 이제부터 필자의 이름과 함께 그 이름이 보다 많은 사람들에게 널리 전해질 수 있기를! 그녀 자신은 개인적으로 친교가 깊었던 그릴파르처(Grillparzer Franz) 관한 가치 있는 저술로써 문학사가(文學史家)라는 비교적 넓지 않은 세계에서 불후의 명성을 얻어 지녀갈 수 있기를 바랄 따름이다.

괴팅겐(Göttingen)에서, 1891년 7월 1일
루돌프 폰 예링

# 차 례

# 제1장

# 법의 생성적 기원

법(法; Recht)의 목표는 평화이며, 이에 치닫게 되는 수단은 투쟁(鬪爭; Kampf)이다. 법이 불법적인 침해에 대하여 준비하고 있어야 하는 한에서는—그리고 이러한 상태는 이 세상이 존속하는 한 그치지 않을 것이다—법에서의 투쟁(鬪爭)은 피할 수 없는 숙제이다. 법의 생명(生命; Leben)은 투쟁이다. 그것은 국민의, 국가권력의, 계급의, 개인의 투쟁이다.

이 세상의 모든 법은 싸워서 그 결실로 얻어 이룬 것이다. 법규(法規; Rechtssatz) 가운데 중요한 것은 어느 것이나 이를 부정하는 사람들의 수중에서 빼앗아내지 않으면 안 되었다. 그리하여 어느 민족의 권리이거나 개인의 권리이거나 모든 권리는 그 주장에 대한 끊임없는 대비(對備)를 전제로 한다. 법은 단순한 사상(思想)이 아니고 살아 숨쉬는 힘이다. 그렇기 때문에 정의(正義; Gerechtigkeit)의 여신은 한 손에는 권리를 가늠하는 저울대를 들고, 다른 손에는 권리를 지키려는 칼을 들고 있는 것이다. 저울대 없는 칼은 단순한 폭력에 지나지 않고 칼이 없는 저울대는 법의 무력 그 자체일 따름이다. 이 두 가지는 상호 결합함으로써 그 성과를 거둘 수 있고, 흠

없는 법률상태는 정의의 여신이 칼을 사용하는 힘(Gewalt)이 그 저울대를 다루는 숙련도와 상호 비견되는 곳에서만 존재할 수 있다.

  법은 끊임없는 노역공정(勞役工程; Arbeit)이며, 더욱이 그저 국가권력이 지켜야 할 노역공정이 아니라 온 국민이 지켜야 할 노역공정이다. 법의 생명을 그 살아 있는 모습 그대로 볼 것 같으면, 우리의 면전에 드러나기는 온 국민의 끊임없는 각축과 분전이 뒤얽힌 연극처럼 펼쳐지는 전경(前景)이며, 그것은 경제적 내지 정신적 생산의 영역에서 온 국민의 활동이 보여주는 모습과 똑같은 광경이다. 자기의 권리를 주장하지 않으면 안 될 처지에 처한 사람들은 누구나 이 국민적 작업에 참여하여 지상에서의 법이념(法理念)의 실현을 되씹으며 각기 그 지닌 힘을 소진해가는 것이다.

  물론 이러한 요구는 어느 사람에게나 똑같이 해당되는 성질의 것은 아니다. 아무런 항쟁이나 장애를 일으키지 않고 수많은 사람들은 법의 규칙적인 도정(道程)을 거쳐서 그 일생을 마치게 되며, 우리가 그들에게 "법은 투쟁이다"라고 말한다 할지라도 그들은 전혀 그 의미를 이해하지 못할 것이다. 왜냐하면 그들은 법이라는 것을 그저 평화와 질서의 상태라고 생각하고 있을 것이기 때문이다. 어쨌든 그들 자신이 겪은 경험에 비추어 보면, 그들의 생각은 전적으로 옳은 것이며, 그것은 마치 아무런 고생도 치르지 않고 다른 사람의 노고의 성과를 거저 물려받은 부유한 상속인(相續人)이 "소유권이란 지켜야 하는 노역공정이다(Eigenthum ist Arbeit)"라는 명제를 부정하는 경우와 똑같은 것이다. 이 양자의 서로 다름은 소유권과 법 안에 본래 갖추어져 있는 두 측면이 주체를 달리하게 되어 어느 사람에게는 향유(享有; Genuss)와 평화(平和; Friede)가 돌아가고, 다른 사람에게는 지켜야 할 노역공정(勞役工程; Arbeit)과 투쟁(鬪爭; Kampf)을 떠맡게 되는 것에서 확연히 드러난다.

소유권이나 법은 따지고 보면 두 얼굴을 가진 야누스(Janus)[1]의 머리와 같은 것이다. 즉 야누스는 어느 사람들에게는 그 어느 한 면을 보여주고 다른 사람들에게는 그 다른 면을 보여준다. 그래서 두 경우에 야누스를 보고 알아챈 자태는 아주 다른 것이 된다. 법에 관하여 이러한 사실은 각 개인에게 해당되는 사실인 동시에 각 시대의 전체에 대해서도 해당된다. 어느 시대의 단상(斷像)은 전쟁이고 다른 시대의 단상은 평화로 점철된다. 그리하여 각 민족은 이 양자의 주체적 할당의 차이로 인하여 개인과 똑같은 편착(偏錯)에 빠져들게 된다. 오랫동안 지속된 평화의 시대, 그리하여 영구평화의 신앙까지 점쳐지고 있을 때, 돌연 한 발의 총성이 아름다운 꿈을 깨뜨리고 올곧이 평화를 누려 지내던 세대를 끊어버리고 다른 세대가 차고 들어앉게 되면, 전쟁의 고역을 치루고 다시 평화를 되찾지 않으면 안 된다. 그렇기 때문에 소유권에서와 마찬가지로 법에서도 지켜야 할 노역공정과 향유는 각각 나뉘지고, 그리하여 한편에서는 향유하고 평화 속에 그 일생을 보내고 있는 사람이 있는가 하면, 다른 사람들은 일을 하거나 투쟁하지 않으면 안 된

---

1 [역자 주] 야누스(Janus): 로마시대의 오랜 신(神). 그는 문의 수호신으로, 문은 앞뒤로 돌아가게 되어 있으므로 이 신도 보통 앞뒤로 돌아가는 두 얼굴을 하고 있는 모습(bifrons)으로 나타난다. 그의 거대한 신전은 포름 근처에 있고, 그 문짝은 전시에 열리고 평화 시에는 닫혀 있는 것이 전례로 되어 있다. 문은 로마에서는 옛날부터 상징적인 의미를 가지는 것으로 되어 있어서, 어느 의식을 거행하게 되는 경우 이 신은 기원을 드릴 때나 희생을 올릴 때에 여러 신의 맨 앞에 자리하고, 로마 월력의 1월도 이 이름을 앞에 붙여 야누아리우스(Januarius)라고 하는 것이며 이에 야누스는 신중의 신이라고 지칭된다.

다. 투쟁 없는 평화, 지켜야 할 노역공정 없는 향유는 태평성대(太平盛代; die Zeit des Paradieses)의 이야기에 지나지 않으며, 역사는 이 양자를 끊임없는 각고의 노력(努力; Anstrengung)의 결과라고 우리에게 전하고 있다.

투쟁은 법이 이루어내야 할 소임(所任)이며, 법의 실천적 필요성과 윤리적 평가와 관련시켜 소유권에서의 지켜야 할 노역공정과 같은 반열에 놓이게 된다는 이 사상을 이제부터 죽 이어 서술하기로 한다. 필자는 이것을 아무 소용없는 헛된 일이라 생각지 않고, 이와 반대로 우리가 내세우는 설(필자는 법철학(法哲學)뿐만 아니라 실정법학 〈實定法學〉도 고찰해 나간다)이 그 책임을 져야 할 해태(懈怠)의 죄에 대한 보상이라고 생각한다. 우리가 내세우는 설이 아직까지는 정의(正義)의 여신의 칼(Schwert)에 대해서보다 그 저울대(Waage)에 대해서 훨씬 더 많이 서술해 온 것은 누구나 잘 아는 사실이다. 즉 법을 관찰함에 있어서 순수하게 과학적인 입장, 줄여 말해서 법을 그 현실적 방면에서 보는 권력관념(權力觀念; Machtbegriff)이라고 인정하지 않고, 오히려 그 이론적 방면으로 보아 추상적 법규의 체계라고만 인정하는 일면성은 개별적으로 보아도 법의 전체에 영향을 미치게 되어, '있는 그대로의' 법의 현실과 너무나 현격히 들어맞지 않는다는 일련의 비난(非難)을 면하기 어려운 것이고, 이 비난에 대해서는 다음에 이어지는 나의 서술이 증명하고도 남음이 있을 것이다.

법이라는 말은 주지하는 바와 같이 객관적 의미(客觀的 意味)와 주관적 의미(主觀的 意味)의 이중의 의미로 사용되고 있다. 객관적 의미에서의 법은 국가가 관장하는 여러 법규의 총체, 생존(生存)의 법규적 질서이고, 주관적 의미에서의 법은 그 추상적 규칙이 구체적으로 드러나서 인격(人格)의 구체적 권능(具體的 權能)으로 된 것이다. 이 두 가지 방향에 걸쳐서 법은 일정한 저항에 부딪히게 되고, 법은 그 저항을 이겨내지 않으면 안 된다. 즉 그 존재를 투쟁에 의해서 확보하든지, 아니면 이를 주장하여야 한다. 필자의 본래 관찰의 대상은 두 번째 방향에서의 투쟁을 선택한 것이지만, 그렇다고 하여 법의 본질 속에 투쟁이 존재한다는 나의 주장, 첫 번째 방향에서도 정당하다는 것을 소홀히 하겠다는 것은 결코 아니다.

이렇게 해 나감에 있어서 국가가 해내는 법의 현실화에 관하여는 논쟁의 여지가 없고, 따라서 그 부연적 설명도 필요로 하지 않는다. 즉 국가가 지키게 하고 있는 법질서(法秩序; Rechtsordnung)의 유지는 이를 침해하는 불법성에 대한 끊임없는 투쟁 바로 그것이다. 그러나 법의 성립에 관해서는 그 역사적 발단(發端)에서의 시원적 성립(成立)뿐만 아니라 일상적으로 우리들의 눈앞에서 반복되는 법의 태동(胎動), 기존제도의 폐지, 신법규에 의한 구법규의 배제, 다시 말하여 법의 진보(進步; Fortschritt)에 관해서는 다른 점이 있다. 왜냐하면 법의 생성도 법의 전체가 따르고 있는 것과 같은 법칙에 맞추어 이루어진다는 본인의 견해에 대해서는, 로마니스텐(Romanisten)의 연구에서 지금까지도 일반적 승인을 받고 있는 다른 견해가 확립되어 있기 때문이다. 필자는 이 견해를 간단히 그 주동적인 두 사람의 이름을 따서 "법의 성립에 관한 사비니-푸호타의 설(die Savigny-Puchtasche Theorie)"[2]이라고 부르기로 하겠

---

2 [역자 주] 사비니(Friedrich Carl von Savigny, 1779-1861): 프랑크푸르트에서 태어났다. 마부르크대학, 괴팅겐대학에서 수학하였다. 초창기 마부르크, 란즈푸트 대학에서 로마법을 강의하였고, 1810년에 개교한 베를린 대학에 초빙되어 역사학파(歷史學派)의 창시자가 되었다. 프로이센 왕국 추

다. 이 설에 의하면 법의 형성은 언어의 형성과 마찬가지로 그렇게 드러나지 않으면서, 그리고 아무런 거부감 없이 저절로 생겨나게 되는 것이고, 어떠한 각축이나 투쟁도 벌어지지 않는 가운데, 이렇다 할 만한 탐구도 거치지 않은 채 그것도 장황한 각고의 권면(勸勉) 없이 서서히, 그리고 확실하게 스스로 진로를 일궈가는, 잠잠히 움직이는 진리(眞理)의 장악력이며, 사람들의 심정이 자연스럽게 동요하여 그 행위로서 드러내고자 하는 확신력이다. 새로운 법규는 마치 언어의 규칙과 같이 특별한 어려움 없이 생겨나는 것이다. 이 견해에 따르면 채권자(債權者)가 지불능력 없는 채무자(債務者)를 다른 나라에 노예로 매각해도 된다든지, 소유권자가 자기의 물건을 점유하고 있는 것이라고 인정되기만 하면 어느 사람의 수중에 있더라도 그것을 탈환할 수 있는 것이라고 되어 있었던 옛날 로마법의 규정은 라틴어의 '쿰(cum)'이라는 전치사가 명사의 제6격을 지배한다는 고대 로마의 문법[3]과 거의 비슷한 방법으로 형성되었다고 말하는 것이나 마찬가지가 될 것이다.

이것은 필자 자신이 대학을 떠날 당시에 지니고 있던 법의 성립에 관한 견해이었으며, 더구나 그 영향 아래 그 이후에도 오랫

---

밀원의원과 법무대신이 되어 국정에 참여하기도 하였다.

푸흐타(George Friedrich Puchta, 1798-1846): 뉴른베르크에서 태어났다. 헤겔이 학장으로 있을 때 김나지움(Gymnasium)을 거쳐 에어랑켄 대학에서 수학하였다. 에어랑켄, 뮨헨, 라이프치히 대학에서 로마법, 교회법을 강의한 후, 1842년 사비니의 후계자로 베를린 대학에 초빙되어 갔다. 1845년 이후 추밀원과 입법위원회의 회원이 되기도 하였다.

3 [역자 주] 라틴문법에는 '격(格)'이 여섯 가지가 있고, 탈격(奪格; ablativus, 종격〈從格〉)이라고도 번역한다)은 그중의 하나로 '~로부터'라고 해야 하는 경우에 사용된다. 쿰(cum)이라는 전치사(영어의 with에 해당하고 '~로부터' 또는 '~을 가지고'의 뜻)는 탈격을 지배하는 것이 문법상의 규칙이다.

동안 이 견해를 버리지 않고 그대로 지녀왔던 것이다. 그렇다면 이 견해가 전적으로 사실에 적합한 것이라고 할 수 있을까? 법도 언어와 마찬가지로 특정한 의도에 맞춰서가 아니라, 그리고 의식도 없는 전승적 표현(傳承的 表現)을 써가면서, 말하자면 내부로부터 작용하는 유기적 발전을 하고 있음을 알고 있음을 승인하지 않을 수 없다. 이러한 발전을 하는 것은 거래관계에서 대등한 당사자의 자치적인 법률행위(法律行爲; Rechtsgeschäft)의 체결로부터 점차 짜맞춘 일체의 법규와 학문이 기존의 법으로부터 분석적 방법을 통해 개발하여 의식에까지 이끌어 올린 갖가지 추상(抽象)·귀결(歸結)의 규칙이다. 그렇기는 하지만 이 두 가지 요소, 즉 거래(去來)와 학문(學問)이 지니고 있는 힘은 한정된 것이며, 이미 짜여진 도정의 범위 내에서는 그 짜임새를 조정한다든지 촉진할 수는 있을지 모르겠지만 새로운 방향을 잡아나가려는 조류를 막으려고 구축한 제방을 무너뜨리지는 못한다. 이를 할 수 있는 것은 오로지 성문법규(成文法規), 즉 이러한 목표를 위하여 작동할 수 있게 되어 있는 국가권력의 의미 있는 행위에 의해서만 가능하다. 이렇게 되어 있기 때문에 소송법(訴訟法)이나 실체법(實體法)의 갖가지 실효성 있는 개정이 결국 성문법규에 의하게 되는 것은 우연적인 일이 아니고 법의 본질에 깊이 뿌리박혀 있는 필연적인 일의 결과이다. 그렇기는 하지만 성문법규의 변경이 현행법에 미치는 영향을 가능한 한 현행법 내로, 즉 추상적인 범위 내에만 한정하게 되며, 그 효과를 현행법을 기준으로 하여 형성되어 있는 구체적 관계의 영역까지는 미치지 못하게 할 수도 있다. 이것은 못쓰게 된 나사못이나 기타 사소한 부품을 완전한 것으로 갈아 끼우는 것과 같은 것으로 법률기틀의 간단한 수선에 지나지 않는 것이라 할 수 있다. 그렇지만 같은 뜻에서의 변경이라 할지라도 기존의 권리와 사익(私益)에 대한 아주 심각한 침해까지 감수해야 달성되는 경우도 적지 않다. 오랜 시간이 흐름에 따라 수많은 개인이나 계급 전체의 이익이 현행법과 굳게 결탁해 버리는 경우가 많기 때문에 이에 결부된 이익을 침해하지 않고서는 현행법을 폐지할 수 없는 경우까지 생겨난다. 그렇기 때문에 어느 법규나 일정한 제도를 문제 삼는 것은 이러한 이익의 전부에 대하여 선전포고를 하는 것이며, 많고 많은 촉수로 붙어 있는 해파리[4]를 떼어내는 것과 같은 일이다. 그렇기 때문에 이러한 모든 시도는 자기보존본능(自己保存本能; Selbsterhaltungsbetrieb)이 자연적으로 작용하는 결과 침해 위협을 당한 이익의 맹렬한 반항과 그에 따른 투쟁을 야기하게 되고, 이 투쟁에서도 다른 투쟁에서와 마찬가지로 그 이유의 강약이 아니라 상호 대립하는 여러 힘의 세력관계가 승패를 갈음하게 된다. 그리하여 여러 힘이 평행사변형(平行四邊形)을 이루어 어쩔 수 없는 결과가 빚어지는 일이 적지 않다. 즉 본래의 버팀선을 피하고 대각선 방향으로 향하는 일도 적지 않게 생겨난다. 이렇게 하여 여론(輿論)이 아득한 옛날에 없어지고 만 여러 제도 중에서 어떻게든 그 타당성을 되찾아 견지하는 제도가 잔존하게 되는 사실을 설명하게도 된다. 이러한 제도의 명맥을 지속케 하는 것은 역사적 타성이 아니라 그 제도를 존속시킬 것을 주장하는 여러 이익의 저항력(抵抗力; Widerstandskraft)인 것이다.

한편 현행법이 이익(利益)이라는 것을 숨겨진 방패로 삼고 있는 갖가지 경우에는 신법(新法)이 어떻게 해서든지 자리 잡으려고 하게 되고 그러한 사정이 계속되는 한에서는 투쟁의 과정을 겪지

---

4 [역자 주] 폴립(Polyp): 물 속에 서식하고 해파리 충류의 일종이다. 두족류(頭足類)와 유사하다.

않을 수 없다. 이러한 투쟁이 경우에 따라서는 여러 세기에 걸쳐서 지속되는 수도 있다. 이 투쟁이 극도의 정점에 달하게 되는 것은 이익을 확보할 수 있는 힘이 기득권(旣得權)의 형태를 취하고 있는 경우이다. 여기에 두 연구파벌과 상호 대립하게 되어 그 양 파벌이 각각 법의 신성성(神聖性; Heiligkeit)을 기치문구로 내세워 싸우게 되었는데, 그 일파는 역사적인 법, 과거의 법의 신성성을 더 내세우고, 다른 일파는 끊임없이 창출되고 아울러 새로워지는 법, 항상 또 다른 창출을 목표로 하는 인류의 근본법의 신성성을 더 앞세운다. 법이념의 그 자체 내에서의 갈등은 이를 서로 다투는 사람의 입장에서 보게 되면, 그 온 힘과 존재의 전부를 그 확신을 위하여 걸게 되는가 하면, 마지막에는 역사의 신성적 재판에 복종하게 되는 비극적인 성격을 띠고 있다. 법의 역사가 대서특필할 만한 대표적 수확, 즉 노예(奴隷; Sklaverei)와 농노제(農奴制; Leibeigenschaft)의 폐지, 토지소유권(土地所有權)의 확보, 영업(營業)이나 신앙(信仰)의 자유 등, 이러한 것들은 하나같이 극렬하고 경우에 따라서는 수세기에 걸친 투쟁을 겪어 가며 이룩해야만 했던 것들이다. 그리하여 유혈의 참사가, 그리고 이곳저곳에서 발밑에 유린된 권리가 법의 걸어온 발자취를 잘 보여주는 것이라 할 수 있다. 왜냐하면 "법은 자기의 아들을 잡아먹는 사탄이며(das Recht ist der Saturn, der seine eigenen Kinder verspeist)",[5] 또한 그것은 자기 스스로의 과거를 떨쳐버림으로써만 다시 젊어질 수 있는 것이기 때문이다. 일단 성립되었다는 이유만으로 제한 없이 적용되어야 하는 것으로, 따라서 영구적인 존속을 필요로 하는 하나하나의 법은 마치 자기 어머니에게 팔을 휘저으며 덤벼드는 어린애와도 흡사하다. 이렇게

---

5 필자의 『로마법의 정신』(Geist des römischen Rechts), 제2부, 제1편, 제27장(제4판 70면)에서 인용.

하는 것은 법의 이념에 의지하면서 도리어 그것을 욕되게 하는 것이다. 그것도 그럴 것이 법의 이념은 영원히 생성된 결실이며, 이에 따라 먼저 생성된 것은 새로운 생성에 그 지위를 넘겨주지 않으면 안 된다. 왜냐하면

살아 존재하는 것이 반드시 죽어야 하는 것은 만고의 진리
(Alles, was entsteht, Ist werth, dass es zu Grunde geht.)이기
때문이다.[6]

이렇게 하여 법은 그 역사적 진운에 걸쳐서 탐구(探求), 각축(角逐), 투쟁(鬪爭), 줄여 말해서, 각고면려(刻苦勉勵)의 자태를 우리들의 눈앞에 드러내게 되는 것이다. 언어(言語)의 경우, 무의식적으로 형성되어 그 생명력을 이어 가는 것으로 인간적 정신면에서 이렇다 할 거센 저항에 부딪치게 되는 일이 없고, 예술(藝術)은 그 자체의 과거 즉 취향의 흐름 이외에는 딛고 넘어야 할 아무런 적수도 가지고 있지 않다. 그러나 목적개념(目的槪念)으로서의 법(法)은 인간의 온갖 목적, 노력, 이익의 뒤얽힌 와중에 휩쓸려 정당한 길을 찾아내기 위해서 끊임없이 모색하고 탐구해야 하며, 그리고 일단 그것을 찾아내고 나서라도 이를 저지하려는 저항을 타파해 버려야 한다. 이러한 발전이 예술이나 언어와 전적으로 동일하게 법칙적이고 통일적으로 이루어진다는 것은 의심할 바 없다 하더라도, 그 발전이 행해지는 방법과 형식에서는 예술이나 언어의 그것과 사뭇 다른 점이 있다. 이러한 뜻에서 우리들은 사비니에 의하여 제창되어 얼마 되지 않아 일반적인 승인까지 얻게 된 그 대표적인

---

6　[역자 주]　괴테(Goethe)의 『파우스트(Faust)』 제1부, 1339행에 있는 메피스트의 대사.

이론, 즉 일방에서의 법과 그리고 타방에서의 언어와 예술을 대비시켜 발전의 동일성을 수긍하는 논구는 딱 잘라 배척해야 한다. 그의 견해는 이론적으로는 그다지 위험성이 크지 않지만, 정책적 원칙으로서는 우리가 생각해낼 수 있는 가장 염려스러운 잘못된 가르침을 포함하고 있다. 왜냐하면 이 견해는 인간으로서 올바르게 행동해야 하는 영역뿐만 아니라 그 목적이 완전하고 뚜렷한 의식을 가지고 전력을 기울여서 행동해야 할 영역에서까지 사물(事物; Dinge)이라는 논리적 산물로 자연적으로 생겨나게 되는 것이라고 설명하고, 아울러 사람은 아무 일도 할 필요 없이 이른바 법의 원천(源泉), 즉 민족의 법적 확신으로부터 점차 나타나는 것을 전적으로 믿고 기다리는 것이 가장 바람직한 일이라고 설명하여 사람들로 하여금 지나치게 안심케만 하는 성향이 짙기 때문이다. 이 점에서 사비니와 그의 제자들이 모두 입법(立法)이 개입하는 것을 아주 꺼려하는 바의 소이연이 되었고,[7] 그리고 이에 맞춰 푸흐타류의 관습법(慣習法) 이론에서의 관습의 진실된 뜻에 관한 오해가 생기게도 된다. 푸흐타(Puchta)의 이론에서 관습은 오로지 법적 확신(法的 確信)의 단순한 인식수단(認識手段)일 따름이다. 즉 이 확신은 행위주체의 역량(力量)이 작동함으로써 비로소 스스로 형성된다는 것, 그것은 행위에 의해서 비로소 인생을 지배할 자기의 힘, 따라서 자기의 임무를 확보한다는 것—줄여 말하여 관습법에서도 법은 실력개념이라는 명제가 들어맞는다는 것—이러한 획일적 이론이 매사에 탁월하기 이를 데 없는 인사의 눈까지도 도통 가려 버렸던

---

7 이것은 슈탈(F. J. Stahl)에 의하여 지나치게 과장되어 표현된 것이다. 슈탈이 했던 의회연설의 해당 사항은 필자의 『로마법의 정신』 제1부 제25장 주) 14(Geist des römischen Rechts, II., §. 25, Anm. 14)에서 인용한 것이다.

것이다. 이렇게 보아 푸흐타도 그저 당시의 유행 풍조를 따르기만 했던 것이라고 할 수 있다. 생각건대 그 당시는 세칭 문학사상에서의 낭만파(浪漫派)의 시대였으며, 그에 붙좇아 낭만적인 개념을 법학에 전용하는 것을 두려워하지 않고 이 두 영역에서의 맞대응하는 방향을 서로 비교하고자 노력하였던 사람들은, 필자가 역사학파(歷史學派)는 그대로 낭만파라고 지칭해도 괜찮다고 주장해도, 감히 비난하지 못할 것이다. 법이 야초(野草)의 생장과 같이 아무런 고통 없이 힘 들이지 않고, 두 손 동여맨 채 저절로 형성된다는 것은 확실히 낭만적인 관념, 바꿔서 말해 지난날의 어떤 상태의 잘못된 이상화(理想化)에 기인하는 관념이다. 그러나 가혹한 현실은 우리들에게 그 반대의 실제를 일깨워준다. 그럴 만한 것도 현재 우리들의 눈앞 어느 곳에서나 벌어지는 여러 민족의 씩씩하기 만한 각축의 현장이 그럴 뿐만 아니라 과거의 어느 곳에 눈을 돌려 보더라도 그 인상은 다를 바 없다. 이렇다 보니 사비니의 이론을 위해서는 우리들에게 아무런 보도거리도 제공하지 못하는 선사시대(先史時代)가 남아 있을 따름이다. 그러나 만일 선사시대에 관하여 나름대로의 가설을 해도 괜찮다고 한다면, 필자는 그 시대를 가리켜 민족 확신의 내부로부터 법이 평온무사하게 형성된 무대였다고 단정해 버린 사비니의 견해에 대하여 이와 정반대의 견해를 대립시켜 피력하고자 한다. 이렇게 되면 사람들은 필자의 견해가 적어도 눈에 보이는 한 법의 역사적 발전에 들어맞는다는 것임과 그리고 필자가 확신하는 바대로라면, 한 걸음 더 나아가 좀 더 뜻있는 심리적 개연성(心理的 蓋然性)의 장점을 지니는 것까지 승인할 것임에 틀림없다. 원시시대(原始時代)! 지난날에는 이 시대를 진실(眞實), 공명(公明), 성실(誠實), 순진한 마음, 경건한 신앙(信仰) 등 이러한 모든 미화속성(美化屬性)으로 장식하여 생각하는 경향이 있었던 것인데, 이러한 견지에서라면 법은 법적 확신 이외에 아무런 추진력(推進力)이 없더라도 번영할 수 있음직하다. 주먹도 칼도 필요로 하지 않았을 것이다. 그러나 오늘날에 와서는 삼척동자라 할지라도 경건하였다고 생각하였던 원시시대가 사실은 그 정반대인 조야(粗野), 잔인(殘忍), 냉혹(冷酷), 교활(狡猾) 그리고 간휼(奸譎)과 같은 특징을 지니는 구조로 짜여져 있었음을 알게 되었으며, 그렇다면 그 시대가 후대의 다른 어느 시대보다 손쉽게 법을 안출해낼 수 있었으리라고는 믿기 어려울 것이다. 즉 그 시대가 일정한 법을 확보하기 위해 치르지 않을 수 없었던 노고는 후대에서보다 한층 더 컸을 것이다. 예를 들어 자기의 물건을 각 점유자로부터 탈취할 수 있는 소유권자의 권능(權能)이라든지, 지급능력이 없는 채무자를 국외에 노예로 팔아넘기는 채권자의 권능에 관하여 아주 오랜 로마법 가운데 앞에서 인용한 바와 같이, 아주 간단한 법규까지도 격심한 투쟁을 겪으며 싸워 얻어냈는데도 그저 이렇게 저렇게 하여 일반인의 승인을 얻게 된 것이라고 확신한다. 그렇지만 그에 관해서는 이쯤 해 두고 역사시대에 맞추어 눈을 다른 곳으로 옮겨 보기로 하자. 이러니저러니 해도 기록에 의한 역사라면 법의 성립에 관하여 보여주는 보고로서 충분하기 때문이다. 그런데 이에 관한 보고의 내용은 다음과 같이, 즉 법의 출현은 사람의 출생과 같이 일반적으로 격렬한 진통을 수반하였던 것으로 되어 있다.

그렇다면 사태가 이럴 수밖에 없는 것에 대해 탄식만 한다고 될 일인가? 법이라는 것이 일정한 노력 없이는 어느 국민이 그것을 지니게 될 수 없고, 각 국민이 법을 위해서 각축하고 분투하거나 투쟁하고 피를 흘리지 않으면 안 되는 사정(事情), 바로 이 사정이야말로 각 국민과 그 법 사이에, 출생에 임하여 어머니와 자식 사이에 그 자신의 생명을 거는 것과 같은 내적 유대를 결부케 하는 끈끈함이나 마찬가지이다.[8] 노력 없이 얻게 된 법은 크나큰 새가 물어다 준 자식과 같은 것이다. 큰 새가 가져다 준 것은 여우나 매가 도로 채가는 일도 있다. 그러나 자식을 직접 낳은 어머니는 그 자식을 빼앗기는 일이 없다. 이러한 이치에 맞추어 각 국민은 피투성이의 노고를 겪어가며 싸워 얻어 이룬 법이나 제도를 빼앗기게 버려두지는 않게 되는 것이다. 그럴진대 사람들은 다음과 같이, 즉 각 국민이 그 법에 걸고 그것을 내세우는 강도는 그 법을 얻기 위하여 겪어낸 노고와 노력의 정도에 의하여 정하여지는 것이라고 말할 수 있다. 각 민족과 그 법 사이에 그토록 강인한 유대(紐帶)를 단련해 내는 것은 관습이 아니라 희생(犧牲; Opfer)이라고 할 수 있다. 그리고 신(神)은 그가 상을 내리고자 하는 국민에 대하여 그 필요로 하는 것을 그대로 내려 주지도 않고, 그렇다고 그것을 획득하고자 하는 노고를 덜어주지도 않으며, 도리어 그것을 좀 더 가중시킨다. 이러한 뜻에서 필자는 다음과 같이 즉 법이 생겨남에 필요한 투쟁은 패주(敗走; Fluch)가 아니라 감은(感恩)의 축복(祝福; Segen)이라고 말하는 것을 조금도 주저하지 않는다.

---

8 [역자 주] 19세기 말 사회변혁에 따른 법적 조치의 일환으로 고종 31년에 반포된 「홍범14조」(洪範十四條) 제13조에 "… 열셋째는 민법과 형법을 엄명하게 작정하고, 범남히, 사람을, 가도거나, 벌하지 말아서, 써, 인민의 목심과 재산을 보전하는 일. …"이라고 되어 있어 민・형사(民刑事)에 관한 우리 사회 자체의 입법의 태동을 시사한 바 있고, 형사법으로는 1905년 형법대전(刑法大全)의 제정이 있었고, 뒤이어 이의 개정과 함께 형법초안(刑法草案)이 작성되기까지는 하였지만 그 제정은 이루지 못한 채 1910년 일제의 침략, 그 압제의 일환으로 일제의 민법과 형법도 옮겨 적용하게 되고 말았다. 여기에 우리는 자주적인 시민생활의식 내지 권리의식의 싹을 짓밟히고 만 셈이다. 시민적 자주생활의식의 구축이 이런 식으로 미루어진 것은 참으로 안타까운 일이 아닐 수 없다.

# 제2장

# 법의 생명으로서의 투쟁

이제부터 필자는 주관적이면서 구체적인 권리를 위한 투쟁을 중심으로 하여 논술하기로 하겠다. 이 투쟁은 권리의 침해 또는 억압에서 생겨나 벌어진다. 그 어떠한 권리든지 그것이 개인적인 것이거나 민족적인 것이거나를 불문하고 이 위험에 대한 보호가 결여되어 있기 때문에―그 이유는 어느 권리자가 그것을 주장하는 이익에 대해서는 언제든지 다른 사람이 그것을 도외시하는 이익이 상호 대립되어 있기 때문이다―이 투쟁은 아래로는 사법(私法)에서 시작하여 위로는 국가법(國家法; Staatsrecht)이나 국제법(國際法; Völkerrecht)에 이르기까지 법의 전 분야에 걸쳐서 가리지 않고 되풀이된다. 전쟁(戰爭)이라는 형식으로 침해당한 권리의 국제법적 주장, 국가권력이 하는 통치행위, 헌법위반에 대한 폭동, 소동, 혁명이라는 형식으로의 국민의 저항, 이른바 사형법(私刑法; Lynchgesetz)이라고 할 수 있는 중세의 자력구제권(自力救濟權; Faustrecht), 사투법(私鬪法; Fehderecht)이라는 형식으로서의 사권의 강권적 실현, 그리고 이러한 중세기적인 것이 현대에 들어와서까지 격세적 유물로 남아 결투(決鬪)로 갈음하는 사권의 불공정한 실행, 정당방위의 형식에 의한 자기방위(自己防衛), 마지막으로는 민사소송(民事訴訟)

의 형식에 의한 합법적인 권리주장, 이러한 것들은 모두 투쟁의 목
적물이나 담보물(擔保物), 투쟁의 형식이나 차원이 각양각색이지
만 하나같이 권리를 위한 투쟁의 각기 다른 형식이거나 전개 국면
이지 별게 아니다. 이제 필자가 이 여러 양태 중에서 가장 평범한
것, 즉 소송의 형식을 빌려서 하는 사권(私權)을 위한 투쟁을 선택
하여 논하는 것은 이 투쟁이 법률가(法律家)인 필자가 아주 가까이
에서 접할 수 있어서가 아니라, 이 투쟁에는 사건관계의 진상(眞
相)이 법률가가 보거나 법률가가 아닌 사람이 보거나 공통적으로
자칫 오해하기 쉬운 점이 있기 때문이다. 이 이외의 다른 각 경우
에는 사물의 진상이 사실 그대로, 그리고 명료하게 드러나 있는 것
이 보통이다. 어느 경우에 아주 비싼 담보물에 대하여 갚아야 할
금화(金貨)가 문제되어 있다는 점은 아무리 아둔한 지능의 소지자
라 하더라도 쉽게 알아차릴 수 있는 것이며, 이 경우에 무엇 때문
에 투쟁하는 것인가, 아니면 도대체 왜 양보하지 않는 것인가 등의
질문을 하는 사람은 아무도 없을 것이다. 그러나 사법상의 투쟁에
서는 전혀 그 사정을 달리한다. 여기에서 투쟁의 중심을 이루는 이
익의 상대적 경미성(相對的 輕微性) 즉 흔히 보는 소유의 귀속에 관
련된 문제, 이 문제에 끝까지 따라붙는, 쉽게 떼쳐 버리기 어려운
생트집은 얼른 보기에는 오로지 무미건조한 계산감정(計算勘定)과
처세관의 범위에 관한 것이라고 생각되는 것으로, 게다가 이 투쟁
의 각종 연계양식, 이들 양식의 유기적 작용, 인격의 자유롭고 발
랄한 진보를 봉쇄하게 되는 점은 그 갖가지 이롭지 못한 인상을 완
화하는 데 그렇게 적절한 것이 되지도 못한다. 그렇기는 하지만 이
투쟁에서도 인격 자체를 걸고 싸우게 되어, 그 결과 투쟁의 진정한
의의가 눈앞에 펼쳐진 듯이 표면적으로 드러난 시대도 있었다. 실
제로 칼이 소유의 귀속에 관한 분쟁을 해결하는 것으로 되어 있던

시대, 중세기의 기사(騎士)가 상대방에게 사투장(私鬪狀)을 보내 싸움을 걸 수 있게 되어 있던 시대에는, 뜨내기라 할지라도 이 투쟁에서는 그저 사물의 가치, 금전적 손실의 방어가 문제로 되는 것이 아니라, 그 사물관계에서 인격 자체를 개인의 권리와 명예로 내걸고 아울러 주장하고 있는 것임을 바로 알아차릴 수 있다.

그러나 형식 자체는 다르다 할지라도 실질은 당시와 똑같은 해결을 이끌어내기 위하여 이미 오래전에 없어져 버린 상태를 다시 지금 세상에 환기시킬 필요는 없다. 요즈음 생활의 여러 현상에 관한 우리의 검증과 심리적 자기관찰(心理的 自己觀察)로도 동일한 효험을 이끌어낼 수 있을 것이다.

자기의 권리를 침해받게 되면 웬만한 권리자면 다음과 같은 문제를 생각해 보지 않을 수 없다. 그것은 권리를 주장하거나 상대방에게 항거해 가며 투쟁할 것이냐, 그렇지 않으면 투쟁을 하지 않으려고 권리를 침해받은 채 그대로 지낼 것이냐 라는 문제이다. 누구든지 이 결단을 내리지 않으면 안 된다. 그런데 어느 편으로 결말이 나든지 그 결정은 일정한 희생과 결부되지 않을 수 없는 것으로, 어느 경우에는 권리가 평화의 희생이 되고, 다른 경우에는 평화가 권리의 희생이 되기도 한다. 그렇기 때문에 이 문제를 첨예화시키게 되면, 결국 그 개별적인 경우와 당사자의 구체적 사정으로 보아 어느 희생이 좀 더 참기 쉬운가를 따져야 하는 것처럼 생각되기도 한다. 부유한 자는 평화를 위하여 그들에게는 그다지 대단치 않은 분쟁금액을 희생시킬 것이고, 가난한 자들은 같은 금액이라 하더라도 그들에게는 소중할 수밖에 없으므로 평화를 접게 되는 것이 흔한 예라 할 수 있다. 이렇게 되는 것이다 보니 권리를 위한 투쟁의 문제는 엄정한 계산문제(計算問題)로 바뀌게 되고, 이러한 문제의 결정이 자칫 이익과 손실을 상호 비교·교량해서 정해야 하는 것으로 되고 만다.

그렇지만 이 문제가 실제로는 결코 이렇게 끝나게 되지 않는 다는 것은 누구나 잘 아는 사실이다. 우리의 일상적인 경험은 계쟁물(係爭物)의 가치가 그것을 되찾기 위한 노고나 분기(奮氣)라든지 비용으로 어림잡아 예상할 수 있는 소모(消耗)에 견주어 비교조차 할 수 없는 소송이 있을 수 있음을 보여준다. 깊은 물 속에 1탈러[1]를 떨어뜨렸다고 할 때, 이것을 건져내기 위하여 2탈러를 처들일 사람은 아무도 없을 것이다. 그것을 되찾기 위하여 얼마만큼의 금액을 써볼 것인지 말 것인지는 그야말로 계산예제(計算例題)의 문제에 지나지 않는다. 이와 달리 소송을 할지에 관해서는 사람들은 어째서 똑같은 예제의 계산을 해 보려고 하지 않는 것일까? 소송의 이득을 계산하고 그에 들어간 비용은 상대방의 부담이 될 것이라고 예정한다고 말하는 사람은 아무도 없다. 법률가들은 승소를 하기 위해서는 비싼 비용을 치러야 할 것임이 확실한 때에도 어지간한 당사자들은 소송을 꺼리지 않는다는 사실을 잘 알고 있다. 당사자들에게 어느 사건의 승소가능성이 매우 희박하다는 것을 설명하고 그 소송을 단념케 하려고 하는 변호사이면서도 "나는 소송하기로 마음을 굳히고 있다. 비용은 얼마든지 들어가더라도 상관없다"라는 답변을 얼마나 자주 듣는지 모른다.

이와 같이 분별 있는 이해타산의 관점에서는 도저히 이해할

---

1 [역자 주] 탈러(Thaler): 탈러는 18세기까지 통용되었던 독일의 은화. 1탈러는 약 3000원.

수 없는 사리결단(事理決斷)을 우리는 어떠한 방법으로 설명하고 넘어가야 하는 것일까?

이에 대하여 흔히 듣게 되는 주접은 고작해야 다음과 같은, 즉 그것은 소송을 좋아하는 버릇, 지나치게 완고한 자가 지니기 쉬운 일방적 작폐이고, 분쟁에 대한 단순한 편벽증이라 할 것이며, 상대방과 같은 정도로 비싸게, 어쩌면 더 비싼 노고와 비용을 지불해야 함이 확실하다 할지라도 상대방을 겨누어 격노의 분만(憤懣)을 풀어보고자 하는 충동인 것이라고 하는 것이다.

여기에서 잠시 상대적인 사인 간의 분쟁에서 눈을 돌려 두 국민 사이의 경우를 생각해 보기로 하자. 어느 한 국민이 다른 국민한테서 그다지 가치 없는 황무지 토지 1제곱마일을 불법적으로 빼앗았다고 하자. 그렇다면 토지를 빼앗긴 국민은 전쟁을 개시하여야 할 것인가? 이 점에 관하여 앞에서 적시한 소송을 선호하는 버릇을 내세우는 견해에서 이웃집 사람이 몇 평 안 되는 전답이지만 불법하게 점탈·경작하거나 돌을 던져 피해를 주는 경우의 농민에 대하여 판단하는 것과 똑같은 방식으로 이 문제를 살펴보기로 하자. 1제곱마일의 황무지는 수천 명의 인명을 걸게 만들거나 초가삼간이거나 금전옥루(金殿玉樓)를 가리지 않고 참혹한 풍우(風雨)를 맞게 하든지 또는 수억 아니 수십억의 국비(國費; Staatsschatz)를 탕진케 하든지, 그리고 끝내는 어쩌면 국가의 존립까지도 위태롭게 만들지 모르는 그러한 전쟁에 견주어 과연 어떠한 의의가 있는 것일까? 이처럼 사소한 전과(戰果)를 거두기 위하여 그토록 막대한 희생을 감수한다는 것은 얼마나 어리석은 짓인가?

농민(農民)과 국민(國民)을 동일한 척도에 맞추어 측정하는 한 그 끝장은 앞에 설명한 것처럼 되지 않을 수 없을 것이다. 그러나 어느 누구를 막론하고 국민에 대하여는 농민에 대해서 하는 것과 같은 권고의 말을 하지만은 않을 것이다. 어떠한 권리침해에 대하여 모진 소리 한 마디 못하는 국민이라면 그 국민 자신의 사형선고서(死刑宣告書)에라도 도장을 찍게 될 것이라는 자조감(自嘲感)을 느끼지 않을 수 없을 것이다. 이웃나라에게 1제곱마일의 영토를 빼앗기고도 아무렇지 않은 민족은 얼마 안 가서 나머지 영토까지도 빼앗기고 결국에는 자기네의 땅붙이라는 것이 없게 되고 국가로서 존립할 수도 없게 될 것이다. 그리고 그러한 국민은 실제로 그 이상의 그럴싸한 운명(運命)을 향유할 자격도 없는 것이라 할 수 있다.

여기에서 만일 어느 한 국민이 그 가치의 여하를 따지지 않고 1제곱마일의 영토를 방위해야 하는 것이라고 한다면, 농민도 1제곱마일의 토지를 위해서 일정한 방위조치를 취해야 하지 않겠는가? 그렇지 않고 "쥬피터에게 허용되는 것이라고 하여 소[牛]에게도 허용되지는 않는다"(quod licet Jovi, non licet bovi)[2]라는 격언에

---

2 [역자 주] 田中秀央/落合太郎, 「ギリシア・ラテン引用語辭典(新増補版)」, 650면 번역본에 의한다.
일제의 침략을 받아 각종의 권익이 말살되었던 우리로서는 1평방 마일의 영토가 문제가 아니라 삶의 터전 모두를 잃었던 너무나 뼈아픈 경험이 있고, 이의 회복을 위해서는 국토를 되찾는 것이 가장 급선무였고, 이를 위하여 국내외적으로 펼쳐진 각종의 독립투쟁이나 의거는 두말할 필요도 없고 독립자금의 확보 지원 등도 긴절한 일이 아닐 수 없었다. 그 사상적 기반이나 지향점이 다소 다르고 지원의 방법이나 협력의 색깔이 다르다 하더라도 갖가지 뜻 모음은 모두가 당시로서는 할 수 있는 가장 절박한 투쟁이었다고 할 수 있고, 그 생존의 터전을 회복하기 위한 개인으로서의 국민될 움직

따라 농민은 그대로 봐줘야 할 것인가? 이러한 점을 따지기에 앞서 국민은 1제곱마일의 토지 때문이 아니라 국민 자신을 위해서, 국민의 명예와 독립을 위해서 투쟁하는 것이다. 이와 마찬가지로 원고가 권리의 치졸한 멸시를 방위하고자 하는 소송에서는 사소한 계쟁의 목적물을 목표로 하는 것이 아니라 인격(人格) 그 자체와 그 인격에 얽힌 법감정의 주장이라는 고매한 목적을 목표로 하는 것이다. 이 목적이 걸린 이상에는 소송에 수반하는 일체의 희생이나 번거로움은 이미 권리자의 계산에서 아무런 중요성도 띠지 못한다. 목적이 수단의 어려움을 깔아뭉개 버리고 마는 것이다. 피해자로 하여금 소송을 제기케 하는 것은 곧이곧대로의 금전적 이익만이 아니라 그 받은 불법상황에 따른 정신적 고통인 것이다. 그가 목적으로 하는 것은 그저 목적물을 되찾는 것뿐만 아니라―흔히 이러한 경우에 소송의 진정한 뜻을 내보이기 위해서 피해자는 그것을 구빈원(救貧院; Armenansstalt)에 기부하겠다고 하는 일이 있었다―자기의 정당한 권리를 주장하는 것이다. 어디에선가 들리지 않는 목소리가 그에게 다음과 같이, 즉 "너는 뒤로 물러서서는 안 된다. 네가 문제로 삼는 것은 무가치한 목적물이 아니라 너의 인격(人格), 명예(名譽), 법감정(法感情), 그리고 긍지(矜持)인 것이다"라고 속삭인다. 간단히 말하자면, 소송이라는 것이 그에게는 단순한 이익문제(利益問題)임을 떠나 어떠한 기조를 지켜나갈 것인지의 문제 즉 인격(人格)의 주장(主張)이냐, 그렇지 않으면 그 포기(抛棄)냐의 문제가 되어 버린 것이다.

---

임이었음은 틀림없는 사실이다. 그중에서도 중국 상해에 임시정부(臨時政府)를 세워 국혼(國魂)의 존속을 잃지 않으려 한 점은 아주 높이 평가할 만한 일이 아닐 수 없다.

그런가 하면 다른 한편에서는 그와 똑같은 상황에 처해 있으면서 앞에서처럼 하는 사람 못지않게 많은 사람들이 정반대의 결심을 하기도 한다. 즉 이들에게는 어렵사리 주장하는 권리보다도 편안하게 누리는 평화(平和)가 훨씬 환영받게 되어 있다는 사실이다. 이에 대하여 우리는 어떠한 판단을 내려야 하는 것일까? 우리는 그저 다음과 같이 즉 "그것은 개인적인 취향과 기질의 문제이다. 어떤 사람은 다투는 것을 꺼려하지 않는가 하면 다른 사람은 그저 무난히 지내는 것을 더 좋아할 수 있기 마련이고, 이에 법의 입장으로서는 이들 모두를 시인하지 않을 수 없다. 그것도 그래야 하는 것이 법은 권리자로 하여금 자기의 권리를 행사하든가, 아니면 그것을 포기하든지의 선택을 자유롭게 할 수 있도록 일임하고 있기 때문이다"라 하고 그만둬야 하는 것인가? 주지하는 바와 같이 세상에 적지 않게 유포되어 있는 이러한 견해는 법의 심오한 본질에 배치되는 것으로 철저히 배척되어야 할 성질의 것으로 생각한다. 만일 이러한 견해가 널리 횡행하는 일이 지속하게 된다면 법 자체가 멸망하여 버리게 될 것이다. 왜냐하면 법은 그 존재를 위하여 불법에 대한 의연한 저항을 필요로 하는 것인데, 상기의 견해는 불법에 대한 나약한 도피를 옹호하는 식이기 때문이다. 필자는 이에 대하여 다음과 같은, 즉 "인격 그 자체에 대하여 도전하는 비열한 불법, 바꾸어 말해 어떠한 형태이든지 그 기도 속에 권리의 멸시(蔑視), 인격적 모욕(侮辱)의 성질을 포함하고 있는 권리의 침해에 대한 저항은 일종의 의무이다. 그것은 권리자가 정신적 자기보존의 명령을 지켜내야 하는 것이므로 그 자신에 대한 의무이다. 또한 그것은 법이 실현되기 위하여 없어서는 안 될 것이므로 사회공공(社會公共)에 대한 의무(義務)이다"라는 원칙을 확립시켜 나가고 싶다.

# 제3장

# 권리자의 의무로서의
# 권리를 위한 투쟁

　　자기 생존(生存)의 주장은 이 세상 생물치고 어느 것이나 불문하고 그에 관한 최고의 법칙이 아닐 수 없다. 그것은 모든 생물에 있어서 자기 보존의 본능(本能)이라는 양태로 나타난다. 그러한 가운데 인간에게는 육체적 생활(肉體的 生活)뿐만 아니라 정신적 생존(精神的 生存)이 당면 과제로 문제시되지 않을 수 없으며, 그 정신적 생존 가운데 잘 녹아내리지 않는 것의 하나가 권리의 주장이라 할 수 있다. 권리를 가짐으로써 인간은 그 정신적 조건을 틀어쥐고, 또한 그것을 방위하게 된다. 권리가 없다면 인간은 동물의 단계로 강등하게 된다.[1] 마치 로마인이 권리를 가지는 것을 법의 입장에서 보아 당연한 일로 여기면서 노예는 동물과 동일한 단계에 두었던 것이 그 좋은 예라 할 수 있다.[2] 그렇기 때문에 권리의

---

1　하인리히 폰 크라이스트의 소설 『미하엘 콜하스』 중에서 이 시인은 그 주인공을 통하여 "발길로 차이느니보다는 차라리 개가 되는 편이 낫다"라고 말하고 있다. 이 소설에 관하여는 뒷장에서 상론하기로 한다.

2　[역자 주] 로마시대 노예(奴隷; servus, ancilla)의 법적 지위는 자유인(自由人)을 위하여 도움을 주게 되어 있는 인체(人體)이고 법률상 물건이며 법

주장은 정신적 자기 보존의 의무이고 요즈음에는 가능하지도 않지만 이전에는 허용되기도 했던 권리의 총괄적 포기는 정신적 자살인 것이다. 어쨌든 법이라는 것은 결국 그 개개의 구성부분의 총체적 결집 이외의 아무것도 아니며, 그 구성부분은 전체의 일부이면서 각각 독자적인 육체적 또는 정신적 존재조건을 지니고 있는 것이다.[3] 예를 들어 소유권(所有權; Eigentum)이나 혼인(婚姻; Ehe), 계약(契約; Vertrag) 및 명예(名譽; Ehre)와 같은 조건 중에서 어느 하나를 포기한다는 것은 곧 권리 전체를 포기한다는 것과 마찬가지로 법률상 불가능한 것으로 여긴다. 그러한 가운데서도 어김없이 할 수 있는 것은 이들 여러 조건 중의 어느 하나에 대한 공격이라 할 수 있고, 그렇다 보니 이 공격을 격퇴하는 것이 권리주장의 의무로 된다고 할 수 있다. 그도 그럴 것이 법이 이들 여러 생존조건을 그저 추상적으로 보증하는 것만으로는 충분하지 못하고, 이들 각 조건은 권리주체로부터 구체적으로 주장되어야 할 것들이기 때문이다. 이와 맞물려 이러한 원인을 빚어내는 것은 이들 각 조건을 감히 침해하려는 전단(專斷; Willkür)이라 할 수 있다.

그렇기는 하지만 모든 불법(不法)이 전단, 즉 법의 이념에 어긋나는 것만은 아니다. 스스로 소유자(所有者)라고 생각하고 있는 자기 물건의 점유자(占有者)는 자기의 인격에서 소유권의 이념을

---

률관계의 객체에 지나지 않았다. 그 남녀의 결합도 단순한 사실관계일 따름이며 적법한 것이 아니었다. 다만 그 혈연관계는 법률상으로도 다소의 의의가 있는 것으로 인정되었다.

3 이 증명을 필자는 법에 있어서의 목적에 관한 본인의 저작 중에서 한 바 있으며(제1권 434면 이하, 제2판, 443면 이하), 그 증명에 따라 법을 국가권력에 의한 강제형식으로 실현되는 사회의 생존조건의 확보라고 정의하였다.

부정하는 것이 아니고 오히려 그것을 자기 자신을 위하여 원용하는 것이다. 우리들 쌍방간의 분쟁은 어느 사람이 소유권자인지를 다투는 분쟁에 지나지 않는다. 그러나 절도나 강도는 애당초 소유권의 범역 밖에 자리하는 것이며, 그들은 개인의 소유권을 부정함으로써 이와 함께 소유권 자체의 이념을 부정하는 것이고, 아울러 각 개인 인격의 본질적 생존조건까지도 부정하는 것이 된다. 만일 이들이 자행하는 행동방식이 널리 승인된다고 하면 소유권은 원칙에서뿐만 아니라 실제적으로도 부정되고 만다. 그러므로 절도(竊盜)나 강도(强盜)의 행위는 단지 어느 한 개인의 물건에 대한 공격을 하는 데 그치는 것이 아니라 동시에 그의 인격에 대한 침해까지도 포함하는 것이다. 그리고 한 개인의 인격을 주장하는 것이 그의 의무라고 한다면, 이 의무는 인격의 존립을 위하여 불가결한 갖가지 조건의 주장에까지도 미치는 것이라고 할 수 있다. ―결국 침해를 받은 사람은 그 소유권을 방위함으로써 그의 인격까지도 방위하는 것이 된다. 예를 들어 강도가 피해자에 대하여 생명이냐 아니면 돈이냐 둘 중의 어느 하나를 선택하라고 강요하는 경우처럼 소유권을 주장해야 하는 의무와 생명의 유지라고 하는 한층 높은 의무가 충돌하게 되는 경우는 비로소 그 포기가 정당화되는 것이다. 이와 같은 경우를 제외하고 자기 인격의 무시를 통하여 이루어지는 권리의 무시는 가능한 모든 수단을 다하여 극복해야 하는 것이 각자의 자기 자신에 대한 의무이다. 따라서 이것을 참고 이겨내지 못하는 사람은 자기의 생애 중에 권리 없는 무권리(無權利)의 한 시기를 수긍하고 지내는 꼴이 된다. 그러면서 이에 대하여는 어느 누구도 손을 써줄 수 있는 것도 아니다. 이와 아주 다른 예는 자기 물건의 선의(善意)의 점유자(占有者)에 대한 소유권자(所有權者)의 지위이다. 이 경우에 그 사람이 어떻게 해야 하느냐 하는 문제는 그의 법감정(法感情), 성격(性格) 나아가 인격(人格)의 문제가 아니고 순수한 이익(利益)의 문제이다. 여기에서 그 물건의 가치를 뛰어넘는 위험은 없다. 그렇기 때문에 이 경우에는 이득과 담보 및 그 생겨날 수 있는 결말을 상호 비교·교량하고 그 다음에 소송을 제기하든가, 양보하고 그만두든가, 그렇지 않으면 화해(和解)하든가의 결정을 하는 것이 무리 없는 타당한 일이다.[4] 화해는 당사자 쌍방이 하는 이해타진 확률계산의 일치점이라 할 수 있으며, 필자가 여기에서 가정한 것과 같은 전제 아래에서는 그저 분쟁을 해결하는 한 방법에 그치지 않고 그 가장 정당한 해결방법이라 할 수 있다. 그럼에도 불구하고 화해는 실제로 그렇게 많이 이루어지지 못한다. 그런데다가 양 당사자가 법정에서의 변호사와 상담을 하는 중에 처음부터 일체의 화해교섭은 하지 않기로 하는 예가 적지 않다. 이렇게까지 되는 까닭은 소송 진행에 관하여 분쟁당사자의 쌍방이 모두 자기의 승리를 믿기 때문이라고 할 수 있으며, 아니면 상대방에게 의식적인 불법, 악의가 있다고 추단함에도 그 원인이 있다.

---

4 지금까지의 서술은 필자를 가리켜 별 생각 없이 권리를 위한 투쟁만을 주장하고, 그 투쟁을 야기한 원인인 갈등(葛藤) 같은 것은 고려하지 않은 것처럼 힐책하는 데 대하여 내 자신을 변호하는 내용들이었다. 인격 자체가 권리로 따져야 함에 있어서 유린된 경우에만 필자는 그에 따른 권리주장이 인격의 자기주장이라 할 수 있으며, 또한 명예(名譽)에 관한 사항이고 정신적 의무라고 설명해 왔다. 필자가 이렇게까지 명확하게 강조하여 그 구별을 설명하였음에도 불구하고 본인이 마치 편들어 논쟁하는 것을 미화시키나 한 것처럼 말하고, 소송의 습벽과 비타협적 완고성을 덕행인 것처럼 꾸며서 얼토당토않은 의견을 개진하거나 한 것 같이 질책한다면, 필자가 그에 대한 설명으로 해줄 수 있는 말이라고는 반박이 나올 것을 뻔히 알면서 잘못된 의견을 내세워 보았던 것이라는 파렴치함을 끌어대든가, 아니면 읽어가는 도중에 주의를 제대로 기울이지 못하여 글의 끝머리에 이르러 처음에 읽은 것을 망각해 버린 것이 아닌가라는 두 변명 중의 하나를 택할 수밖에 없다.

그렇기 때문에 문제가 비록 소송절차상으로는 객관적 불법의 형식으로 행하여야 하는 것임에도 불구하고(소유물반환청구권〈所有物返還請求權〉; rei vindicatio), 심리적으로는 특히 당사자가 보기에는 이것도 앞에 말한 경우와 똑같은 형태, 즉 고의적인 권리침해의 형태를 취한다. 게다가 당사자의 입장에서 보아 이 경우에 자기의 권리에 대한 공격을 막아내고자 하는 격정(激情)은 절도를 당한 때와 똑같은 동기에서 생겨나는 것이고, 도덕적으로도 정당한 것으로 수긍된다. 이러한 경우에 소송의 비용이라든가, 그 결과 또는 소송의 승패가 불확실하다 하여 당사자를 협박해 소송을 그만두게 획책하는 것은 심리적인 과오라 하지 않을 수 없다. 왜냐하면 이들 문제는 당사자로서 따져야 하는 이익의 문제가 아니라 일그러진 법감정(法感情)의 문제이기 때문이다. 당사자를 움직이게 하는 유일한 핵심은 상대방에 대한 악의의 추정이다. 그렇기 때문에 이 추정을 교묘하게 타파할 수 있다고 하면, 본래의 저항감도 누그러지고 당사자로서 이익의 견지에서 일의 실제를 파악하게 되어 화해가 이루어지기 쉽게 된다. 흔히 볼 수 있는 일이지만 당사자들이 선입견 때문에 이들 갖가지 시도에 대하여 얼마나 완강히 저항하는지는 실제적 법률가라면 누구나 잘 알고 있는 사실이다. 그리하여 필자는 이 심리적으로 접근하기 어려운 마음, 집요하게 시샘하는 마음에 대하여 어느 한 사람의 그저 개인적인 것, 즉 인격의 우연한 특성에 의하여 생겨나는 것이 아니라 흔히 말하는 교양(敎養)이나 직업(職業)과 같은 일반적 상위(相違)가 전적인 결정성을 지니게 되는 것이라고 주장한다 하더라도 앞에 말한 실제적 법률가들은 아무런 반대도 하지 못할 것이라고 확신한다. 이와 같은 시의심(猜疑心)은 농민에게서 가장 두드러지게 나타난다. 농민들은 의례 그렇게 하겠거니 하는 이른바 소송을 좋아하는 편벽성(偏僻性)은 그것을 집어 말하면, 다음과 같은 두 가지 요소, 즉 억지라고까지는 할 수 없으나 아주 심한 소유욕과 시의심 자체에서 생겨나는 당연한 일이다. 농민만큼 자기의 이익을 따져서 확고하게 자기의 소유물로 챙기는 사람은 아무도 없다.[5] 그렇게 하면서도 주지하는 바와 같이 농민처럼 걸핏하면 소송에 자기의 전 재산을 걸고 싸우는 사람도 찾아보기 어렵다. 이러한 경황은 대충 보기에는 각기 모순인 것 같으나 실제로는 아주 설명하기 쉬운 일이다. 왜냐하면 그 지나치리만큼 발달된 소유권(所有權)에 대한 침해의 우여곡절은 그 소유자에게 아주 통절한 고통을 느끼게 하고, 그와 함께 그에 대한 반동(反動)도 더욱 격렬하게 일어나게 만들기 때문이다. 농민이 소송을 좋아하는 습벽은 시의심에 의하여 야기된 소유권에 관한 잘못된 생각, 바로 여기에서 생겨나는 소유감의 도착이다. 마치 연애에서 볼 수 있듯이 질투가 그 얻어 가지고자 하는 것을 망가뜨려 버림으로써 결국 그 총부리를 자기 자신에게 돌리게 만드는 것과 같은 잘못된 계산이다.

---

5 [역자 주] 농민의 경우 같은 면적의 농경지라 하더라도 비옥도가 다르다거나 물의 수급이 용이하여 곡물의 생산량이 다른 것은 그러려니 하고 지내는 것이 그 생활 속에 배어 있다. 그리고 열심히 경작하였는데도 수확량이 남보다 적더라도 그대로 노동의 대가(代價)려니 하고 지낸다. 그야말로 질박함이 배어 있는 그대로다. 그렇지만 경작질서의 위반에 대하여는 이와 크게 다르다. 윗배미 논물을 지나치게 빼돌려 모내기를 한다거나 옆 논과의 갈개를 파먹거나 언덕 밑을 무질러 벼 포기를 늘리는 때에는 단순한 권리침해가 아니라 자기 몸에 비수를 들이대는 것으로 생각한다. 삽으로 후려치거나 물도랑에 처박아 버리기 일쑤다. 농번기에 우리의 들녘에서 어느 한편 들어 말하지 못하고 고개 돌린 채 지나쳐야 했던 풍경이다. 그 다음의 해결도 그 잘못의 사과와 재발엄단의 굳은 약속을 다짐해야 하는 것으로 되어 있었다. 이 경우 배상(賠償)의 방법이나 액수(額數)의 다과를 따져 우열을 가리는 것은 그렇게 중요하지 않았음을 주목할 필요가 있다.

필자가 지금 서술한 점에 대한 그럴듯한 확증을 제공해 주는 것은 고대 로마법이다. 로마법에서는 어느 권리항쟁에 있어서나 상대방에게 악의(惡意)가 있을 것으로 생각하는 농민의 시의심(猜疑心)이 명확하게 법규의 형식으로 되어 있었다. 모든 경우에 심지어 분쟁당사자의 쌍방이 모두 선의(善意)일지도 모르는 권리항쟁의 경우라 할지라도, 패소자(敗訴者)는 자기가 상대방의 권리에 대항하였다는 반항(反抗)을 형벌로 정한 대로 속죄해야만 했다. 일단 격렬하게 된 법감정은 권리의 회복만으로는 충족되지 못하고, 상대방의 책임이 있고 없음을 따지지 않고 어쨌든 그 권리에 대하여 다투었다는 사실에 대하여 특별한 배상을 요구하는 것이었다.[6] 오늘날의 농민이 법률을 제정한다면, 그것은 아마도 고대 로마의 농민계급(農民階級)의 법률과 같은 문언으로 짜여질 것이다. 그러나 로마시대에 이미 문화가 발달함에 따라 법에서의 시의심(猜疑心)은 두 종류의 불법, 즉 책임 있는 불법과 책임 없는 불법 혹은 주관적 불법(主觀的 不法)과 객관적 불법(客觀的 不法)(헤겔이 사용한 용어로는 규명하기 곤란한 불법)이라는 정교한 구별을 함으로써 원칙적으로 초극해 넘길 수 있었다.

이 주관적 불법과 객관적 불법의 대립은 입법적인 관점에서나 학문적 관점에서 아주 중요하다. 그것은 법이 공정한 견지에서 사태를 평가하였는지, 그리고 그에 맞추어 불법의 차이에 따른 불법의 효과를 배분하였는지에 관한 것이다. 그러나 권리주체의 판단에 대해서는, 즉 추상적 개념체계에 맞추어 따지는 것이 아니기 때

---

6 [역자 주] 이에 관하여는 권리침해를 목적물에 대한 공격만이 아니라 인격 자체에 대한 공격으로 보는 이상주의적 관점을 주의 깊게 참조할 필요가 있다(후술 참조).

문에 주체의 법감정이 그에게 가해진 불법에 의해서 얼마만큼 자극받게 되는지에 관해서는 이 구별은 아무런 규준도 될 수 없다. 사건에 따라서는 다음과 같은 사정도 고려하게 된다. 법규상으로는 단순한 객관적 권리침해로 보아 넘겨야 되는 권리항쟁에 있어서도 권리자가 상대방에게 악의(惡意), 의식적인 불법이 있다고 추단하여 반격하기에 충분한 이유가 있고, 그리고 그것이 정당한 것이기 때문에 이 판단에 근거하여 그가 상대방에 대한 태도를 결정하게 되는 사정이 있을 수 있다. 채무를 지고 있다는 사실을 모르고 있기 때문에 그 채무가 밝혀진 다음에야 변제하려고 하는 채무자의 상속인에 대해서나[7] 혹은 이와는 달리 모르는 체 하고 돌려받은 대부원금(貸付元金)을 부인한다든가, 이유 없이 반환을 거절한다든가 하는 채무자에게 똑같이 소비대차(消費貸借)에 근거한 대금반환청구권(貸金返還請求權; condictio ex mutuo)을 부여하고 있다. 이러한 사실에 맞추어 필자가 각 경우의 처리를 전혀 다른 눈으로 보고, 그에 따라 그 처리방법을 결정하는 데 영향을 주고자 하는 것은 아니다. 후자의 경우는 절도범과 같은 것이고, 그 사람은 고의로 다른 사람의 물건을 빼앗는 것이다. 이 경우에는 법에 대한 의식적인 위반이 있는 것이다. 이에 대하여 전자의 경우에는 자기의 소유물의 선의의 점유자와 같은 처지에 있으며, 그가 채무자는 변제하여야 한다는 원칙을 부정하는 것이 아니라 그 사람 자신이 채무자라는 필자의 주장을 부정하는 것으로, 이렇게 되면 필자가

---

7 [역자 주] 일반적으로 보증인이 주채무자(主債務者)의 상속인이 되는 경우에는 보증채무(保證債務)가 소멸하게 되지만 보증이 채권자에게 특별한 이익을 주게 되어 있는 경우 예를 들어 보증채무를 위하여 담보권(擔保權) 또는 부보증(副保證)이 설정되어 있거나 위약벌(違約罰)이 부가되어 있는 때에는 그 한도 내에서 보증채무는 그대로 존속하게 된다.

선의의 점유자에 관하여 앞에서 서술한 것은 그에 대해서도 들어 맞는 것이다. 그러한 사람 하고라면 화해해도 좋고 또한 그 결과가 불확실하기는 하지만 소송을 제기한다 하더라도 문제될 바 없다. 그러나 어느 사람의 권리를 빼앗으려고 한다든지 소송에 대한 타인의 공포(恐怖), 그의 태만(怠慢), 무관심(無關心), 취약함을 약점으로 삼아 상대하는 채무자에 대해서는 아무리 많은 비용이 들더라도 누구든지 자기의 권리를 추구해야 하고 또한 추구하지 않으면 안 된다. 어떤 사람이 이렇게 하지 않게 되면, 그는 다만 이 권리를 포기하는 것에 그치는 것이 아니라 동시에 그 법 자체를 포기하여 버리는 것이나 마찬가지가 된다.

지금까지 필자가 전개한 논의에 대하여는 어쩌면 보통 사람이 인격의 도덕적 존재조건(道德的 存在條件)으로서의 소유권(所有權; Eigentum)에 대하여 무엇을 알고 있겠는가라는 반론이 제기되리라 생각한다. 무엇을 좀 알겠는가라고 묻는다면, 결코 모른다! 라고 대답하지 않을 수 없다. 그렇지만 보통사람이 그렇게 느끼느냐 그렇지 않느냐 하는 문제와 아느냐 모르느냐 하는 것은 전혀 다른 문제다. 보통사람은 육체적 생존조건으로서의 신장(腎臟), 폐장(肺臟), 간장(肝臟)에 대하여 무엇을 알고 있는가? 그러면서도 폐장의 아픔, 신장이나 간장의 고통은 누구나 느낄 수 있으며, 그 아파서 전달되는 경고는 그대로 감지한다. 육체적 고통은 유기체에 장해가 있다는 신호, 유기체에 해로운 영향이 있다는 암시이며, 그것은 절박하게 다가오는 위험에 대하여 주의를 기울이게 하고, 점차 쑤셔 오는 고통을 통하여 경각심을 일깨워 준다. 지금까지 한 말은 고의의 불법이나 전단(專斷)에 의하여 생겨나는 정신적 고통에 대하여도 그대로 할 수 있다. 그것은 다음 장에서 상론하는 바와 같이 주관적 감수성(主觀的 感受性), 즉 권리침해의 형식과 대상이 달라짐에 따라 육체적 고통의 강도나 정도의 차는 있게 마련이며 더러 무감각하게까지는 되지 않는, 바꾸어 말하면 사실상의 권리상실에 익숙해 있지 않은 여러 사람들 속에 정신적 고통이라는 형태로 나타나서 육체적 고통과 마찬가지의 경고를 전달해 준다. 여기에서 필자가 말하는 경고는 고통의 감정을 말끔히 쓸어버리는 눈앞에 보이는 경고가 아니라 두 손 꽁꽁 묶고 참고만 지내면 끝내는 망가져버릴 건강을 유지하려고 하는 원대한 경고이다. 그것은 어느 경우에는 육체적 자기보존의 의무에 상응하는 경고이고, 다른 경우에는 정신적 자기보존의 의무에 대한 경고인 때도 있다. 이론의 여지가 가장 적은 경우인 명예훼손의 경우, 명예에 대한 감정이 가장 예민하게 발달되어 있는 계급인 사관계급(士官階級)을 예로 들어 보기로 하자. 명예에 대한 모욕을 참은 사관은 더 이상 사관이라는 이름으로 버텨날 수 없게 된다. 어째서 그러한가? 명예의 주장은 각 사람 모두의 의무이다. 그렇다 치더라도 왜 사관계급은 특히 까다롭게 이 의무의 이행을 강요받게 되는 것일까? 생각건대 인격의 용감한 주장이 그들에게 있어서는 그 지위의 보존을 위한 불가결의 조건이며, 또한 그 성질상 인격적 용기의 구현자인 사관계급은 자기를 멸시하지 않는 한, 그 성원(成員)의 나약함을 그대로 참을 수 없다는 올바른 감정을 사관계급이 가지고 있기 때문이다.[8] 사관계급을 농민과 비교해 보기로 하자. 극단적으로 완고하게 자기의 소유권을 방위하는 농민, 바로 이 사람들이 자기들의 명예에 관해서는 그럴 수 없을 만큼 냉담한 태도를 보인다. 이 점을 어떻게 설명해야 할 것인가? 이것은 사관의 경우와 마찬가지로 그

---

8  필자의 『법에 있어서의 목적』(Zweck im Recht), 제2권, 302면 내지 304면에서 상론하였다.

생활조건의 특이성이 지니는 당연한 감정에서 생겨나는 것이라 할 수 있다. 농민이라는 직업은 그에게 용기를 요구하지 않고 노역공정(勞役工程)을 요구한다. 노역공정은 소유권을 지켜낸다. 노역공정과 소유권취득(所有權取得)이 농민의 명예인 것이다. 자기의 경작지를 소홀히 생각한다든지 자기의 것을 헛되이 낭비하는 농민은 자기의 체면을 소중하게 여기지 않는 사관(士官)이 동료들에게 경멸당하는 것처럼 같은 처지의 농민들에게서 모멸받게 된다. 어느 농민이 모욕을 받으면서도 격투도 하지 않고 아무런 소송도 하지 않는다 하더라도 다른 사람들이 그를 비난하지 않는 것은 사관들이 자기의 동료가 집안일처리에 능하지 못하다 할지라도 그것을 가지고 비난하지 않는 것과 마찬가지다.[9] 농민들에게는 자기가 경작하는 토지와 사육하는 가축이 그 생존의 기반이다. 얼마 되지 않는 몇 평의 토지에라도 허락 없이 쟁기를 들이대는 이웃사람이나 자기가 기른 농우(農牛)의 대금을 지급하지 않는 상인에 대하여는

---

9 [역자 주] 조선사회에서의 지배적인 사회계층은 사대부(士大夫)였고, 이들은 관직을 얻으면 문반(文班)이나 무반(武班)에 속하게 된다. 이로 인해 양반은 문무의 관직을 차지하고 있거나 차지할 수 있는 특수한 사회적 신분층을 이루게 되었다. 이들이 정치 경제 문화 일반을 주도해 나갔고, 이 특징을 내세워 조선사회를 부르게 되면 양반사회(兩班社會)라 지칭할 수 있다. 이들에게는 사회적 특권이 부여되었기 때문에 그만큼 배타적이었고, 그 신분은 세습적으로 이어져 갔고, 가문의 결집이라는 색깔이 짙은 혼인도 자기들끼리만 했다. 때로는 거주지역도 달리하여 살다 보니 그들만의 독특한 문벌의식이 굳혀지는 것은 당연한 이치였다. 이와 함께 이들은 체면(體面)을 중시하고 경거망동(輕擧妄動)을 삼가며 학문을 익혀 벼슬길에 오르는 것, 예의범절(禮儀凡節)을 지켜 생활하는 것을 모범으로 여겼으니 사회의 귀감이 되기에 부족함이 없었다. 서얼의 차별이라든지 권문벌족(權門閥族)으로 세력화하는 폐단이 있기는 하였지만 한 시대를 주도해 온 것은 결코 우연한 일이 아니다. 우리 사회에서 시민계층(市民階層)의 출현을 뒤늦어지게 한 주된 요인이었던 것도 사실이다.

농민들은 그들 나름의 방식으로, 바꾸어 말하면 격렬한 반감을 드러내 제기하는 소송의 양식으로 자기의 권리를 위한 투쟁을 시작한다. 마치 사관이 자기의 명예를 짓밟은 자에 대하여 칼을 휘두르며 싸우려고 하는 것과 같다. 농민이나 사관이나 이럴 때에는 뒤돌아보지 않고 그 자신을 희생한다―그들에게 승패의 결과가 어떻게 나타나느냐 하는 것은 중요하지 않다. 그들은 그렇게 하지 않으면 안 된다. 왜냐하면 그들은 그렇게 함으로써 그 정신적 자기보존(精神的 自己保存)의 특유한 법칙에 맞춰가는 것이기 때문이다. 여기에 만일 그들로 하여금 배심원(陪審員)으로 앉게 하여 우선 사관에게는 재산범죄를, 농민에게는 명예훼손사건을 평결하게 하고, 그 다음에 후자에게는 사관의 재산범죄 사건을, 전자에게는 농민의 명예훼손 사건을 평결케 한다면 이 두 경우에 그 판결이 얼마나 잘못된 결말로 이어지겠는가? 재산범죄에 대해서는 농민보다 더 엄격한 법관이 없다는 것은 주지하는 바와 같다. 필자 자신은 이러한 일에 대해서 아무런 경험도 없지만, 농민이 법관 앞에서 비방(誹謗)의 소를 제기한 경우에는 같은 사람이 소유권의 귀속(歸屬)에 관한 소를 제기한 경우와는 비교도 되지 않을 만큼 용이하게 법관은 화해의 제의를 함으로써 사건을 해결하려 할 것이라는 점은 어렵지 않게 장담할 수 있다. 고대 로마의 농민들은 따귀를 맞은 때에는 25아스를 받고서 그저 그만한 것으로 여기고 지냈으며, 다른 사람이 자기의 안구(眼球)를 빠지게 한 경우에는 자기에게 허용되어 있는 권한에 의거하여 상대방의 안구를 빼내지 않고 정황을 세밀히 파악하여 상대방과 화해를 하기도 했다. 이와는 달리 절도범을 현행범(現行犯)으로 체포한 때에는 이를 노예로 삼아 살아가고, 이에 반항하게 되면 죽여도 괜찮다는 권한을 법률적으로 요구할 수 있으며 법률도 웬만하면 이를 그대로 승인하였다. 전자의 경우에는 당해자의 명예(名譽), 그의 신체가 중요한 승인요인이 되고, 후자의 경우에는 당해자의 재산(財産)과 그의 소유권이 중요한 승인요인이 되었던 것이다.

세 번째의 예로서 상인(商人)의 경우를 이 가운데 끼워 넣어 보려고 한다. 사관(士官)에게 있어서 명예(名譽)가, 농민에게 있어서 소유권(所有權)이 의미를 가지는 것처럼 상인에게 중요한 것은 신용(信用)이다. 상인에게 있어서 신용의 유지는 사활의 문제이며, 그가 의무이행(義務履行)을 태만히 한다는 허물을 덮어씌우는 것은 그를 인격적으로 모욕한다거나 그가 물건을 훔치는 버릇이 있다고 하는 것보다 그에게는 훨씬 통절한 일이다. 최근의 여러 법전(法典)에서 경솔하고도 사기적인 파산(破産; Bankbruch)의 처벌을 점차 상인과 이에 준하는 사람들에게 국한시키게 된 것은 상인이 지니는 이러한 특유의 지위에 맞먹는 조치의 일환이라 할 수 있다.

필자가 지금까지 서술한 것은 권리침해에 대한 법감정(法感情)이 드러내는 감수성의 정도를 오로지 계급적 이익(階級的 利益)의 규준에 따라서 측정함으로써 법감정이라는 것은 계급과 직업의 다른 점에 따라 각양각색의 반응을 보여주는 것이라는 단순한 사실을 확인하려고 하는 점에 중점을 두었던 것은 아니다. 오히려 이 사실과 결부하여 그것이 지니는 아주 의미 있는 진리(眞理), 즉 모든 권리자는 자기의 권리로서 그의 윤리적 생존조건(倫理的 生存條件)을 지켜간다는 명제를 정확하게 평가하려고 하였던 것이다. 왜냐하면 앞에 말한 세 계급의 경우에 각 계급의 특수한 생존조건(生存條件)을 인정한 여러 가지 점에서 최고의 반응을 보인다고 할 수 있는 사정은 법감정의 반동이 보통감정과는 달리 그 기질이나 성격의 개인적 계기에 따라서만 결정되는 것이 아니라, 거기에는 동시에 어느 사회적 계기 즉 이 계급의 특별한 생존목적(生存目的)을 위하여 반드시 당해 법적 제도가 불가결한 것이라는 감정이 움직이고 있다는 사실을 우리들에게 잘 가르쳐 주기 때문이다. 법감정이 권리침해에 대하여 반작용을 일으키는 힘의 강도는, 필자가 생각하기로는, 개인(個人), 계급(階級) 또는 국민(國民)이 자기 자신 및 자기의 특별한 생존목적에 대하여 법, 즉 법 일반 및 각 제도가 지니는 중요성을 느끼는 강도를 측정하는 비교적 확실한 척도(尺度)라고 생각된다. 이 원칙은 아주 보편적인 진리를 포함하는 것이며, 그것은 사법(私法)에 있어서와 마찬가지로 공법(公法)에 관하여도 들어맞는 것이다. 각 계급이 그 존재의 기초를 형성하고 있는 모든 규제의 침해에 대하여 보여주는 것과 같은 반응은 각 국가에서, 그리고 그 특수한 생활원리가 구체화되어 있다고 여겨지는 여러 제도에서도 똑같이 나타난다. 그 반응측정기, 곧 국가가 이들 제도를 중요시하는 가치를 측정하는 기준은 형법(刑法)이다. 여러 형사입법(刑事立法) 중에 관대함과 엄중함을 보여 주는 놀랄 만한 다양성은 대부분 이미 앞에서 서술한 생존조건(生存條件)의 견지에 그 근거가 있다. 어느 국가든지 그 특유한 생활원리를 위협하는 범죄를 더 엄하게 처벌하는 한편, 그 밖의 범죄에 대하여는 현저히 대조를 이룬다 할 만큼 아주 관대한 태도를 취하고 있는 경우가 적지 않다. 신정국가(神政國家)에서는 신의 모독(冒瀆)이나 우상숭배(偶像崇拜)를 사형에 해당되는 중죄(重罪)로 처벌하면서, 이와는 달리 토지의 경계 침범은 단순한 경죄(輕罪)로 인정한다(모세의 법). 이에 반하여 농경국가(農耕國家)에서는 후자를 극형으로 처벌하는 반면 독신자(瀆神者)에 대하여는 지극히 관대한 형벌을 과하는 것으로 그만이다(고대 로마법). 상업국가(商業國家)에서는 통화위조

(通貨僞造) 및 위조(僞造) 일반을, 군사국가(軍事國家)에서는 항명(抗命)이나 복무위반(服務違反) 등을, 전제국가(專制國家)에서는 대역죄(大逆罪)를, 공화국(共和國)에서는 군주제(君主制)에로의 복고운동을 각각 가장 중한 죄로 꼽아 규정하게 될 것이다. 그리고 이들 국가에서는 당해 범죄에 대하여 다른 범죄와는 대조를 이루는 엄격성으로 임할 것이다. 간추려 말하여 국가나 개인 모두 고유한 생존조건(生存條件)을 직접 위협당하고 있다고 느끼는 곳에서는 그 법감정의 반응도 가장 강렬하게 되는 것이다.[10]

일정한 계급이나 직업의 고유한 조건이 특정한 법제도에 한층 높은 의의를 부여하고, 그렇기 때문에 그 침해에 대한 법감정의 반응을 높이기도 하지만, 이와 반대로 양자를 약화시키는 것도 있다. 하층지배계급 즉 노비계급(奴婢階級)은 다른 사회계층처럼 명예감정(名譽感情)을 가지지 못한다. 그 지위 자체가 일정한 비굴함을 지니고 있기 때문에, 그 계급 전체가 당해 굴종을 참고 지내는 한, 각 개인이 그에 대하여 반항한다 하더라도 헛수고에 지나지 않는다. 그러한 계급에 속하고 있으면서 발랄한 명예감정을 지니고 있는 개인은 자기 동료들과 같은 정도로 그의 요구를 끌어내리든가, 그렇지 않으면 자기의 직업을 버리는 도리밖에 다른 길이 없다. 다만 이러한 감정이 일반적으로 유포되어 되어 있는 경우에는 개인적으로 그 힘을 무익한 투쟁에 허비하지 않고 다른 동지와 규합하여 계급의 명예수준을 높이기 위하여 효과적으로 이용할 수 있는 희망이 트일 수도 있게 된다. 필자가 여기에서 이렇게 말하는 것은 명

---

10 필자가 앞의 서술을 함에 있어서 몽테스키외의 불후의 공적(『법의 정신』)이 처음으로 인식하고 형성한 상념을 이용한 것에 지나지 않는다 함은 독자들이 알고 있는 그대로이다.

예에 대한 주관적 감정에 국한하는 것이 아니라 사회의 다른 계급
및 입법분야에서도 얻어내야 하는 객관적 승인까지 포함하는 것이
다. 이러한 부면에서는 노비계급의 지위는 최근 50여 년에 걸쳐 현
저하게 개선되어 왔다.[11]

　　명예에 관하여 필자가 지금까지 언급한 논거는 소유권에도 그
대로 해당된다. 소유권에 관한 민감성(敏感性), 즉 정당한 소유감—
필자는 이것을 영리욕(營利欲), 즉 금전과 재물의 추구가 아니라 소
유권자의 권리자다운 기질(氣質)이라고 생각한다. 이러한 소유권
자의 가장 적절한 대표자로서 필자는 앞에서 농민을 적시한 바 있
는데, 농민이 자기 물건을 지키는 것은 그것이 가치객체(價値客體)
라는 이유에서가 아니라 그것이 자기의 것이기 때문에 지켜내는
것이다—이 감각도 혹여 불건전한 상태나 사정의 영향 아래에서는
감퇴하는 수도 있다. 많은 사람들이 다음과 같이, 즉 "자기의 소유
인 물건이 자기의 인격과 무슨 관계가 있는가? 물건은 자기를 위해
서 생계(生計), 영리(營利), 향락(享樂)의 수단으로서 그 역할을 해
낸다. 그러나 금전을 추구하는 것이 도덕적 의무가 아닌 것과 마찬

---

11 [역자 주] 조선사회에서의 노비(奴婢)에는 공노비(公奴婢)와 사노비(私奴
　　婢)가 있어서 궁전이나 관청의 잡역, 왕공이나 귀족의 취사, 땔감의 비축
　　등의 일을 하고, 지방에서는 주인의 집안일을 도맡아하지만 별단의 토지
　　를 경작하면서 살아가기도 했다. 조선조 임진왜란의 발발 즈음에는 그 수
　　가 늘어나 그 관장이 허술하게 되자 노비들이 장예원(掌隸院)과 형조(刑
　　曹)를 불살라 버리기도 하여 그 예속(隸屬)의 한계성이 심각함을 드러내기
　　도 했다. 조선조 말기에는 소작농으로 떨어지는 양인(良人)이나 부랑민(浮
　　浪民)과 뒤섞여 그 구별이 모호해지기도 했다. 순조 원년(1801)에 이르러
　　서는 국가 자체에서 노비안(奴婢案)을 불살라 공노비들은 천인의 신분을
　　벗어나 양인으로 바뀌게 되었다. 노비제도의 변혁을 잘 보여주는 실례라
　　할 수 있다.

가지로, 시시한 물건을 위해서 금전과 시간을 허비하고 게다가 애를 써야만 하는 소송(訴訟)까지 제기하는 것은 결코 도덕적 의무라고 할 수 없다. 재산에 관한 법률적 주장을 하게 하는 유일무이한 동기는 재산의 취득(取得) 및 사용(使用)에 관하여 자기를 규정하는 것과 동일한 것 바로 자기의 이익(利益)이다—소유권의 귀속에 관한 소송은 순수한 이익문제이다"라고 말하는 것을 듣게 된다.

필자 자신은 소유권에 관한 이러한 견해는 건전한 소유감(所有感)의 폐색이라고 보지 않을 수 없으며, 그 원인도 소유권의 그 상태를 자연적 상태대로 보지 않는 점에 있다고 볼 수밖에 없다. 필자 나름대로 보기에는 이에 대한 책임이 부유(富裕)나 사치(奢侈)에 있지 않고—이 양자 어느 쪽도 국민의 법률감정(法律感情)을 위협하는 것은 아니다—이보다 훨씬 더 책임짓기 어려운 것은 그 취득의 부도덕성(不道德性)이라는 점이다. 소유권의 역사적 연원 및 도덕적 정당성의 근거는 노동(勞動)이다. 그리고 필자가 말하는 노동이라는 것은 다만 손과 팔의 노동뿐만 아니라 정신(精神)과 기능(技能)의 노동까지도 포함하는 것이다. 그리고 필자는 노동생산물(勞動生産物)에 대한 권리를 그저 노동자 자신에 대해서뿐만 아니라 그 상속인에 대해서까지도 인정한다. 결국 필자는 상속권(相續權)을 노동원리의 필요적 귀결이라고 생각한다. 그 이유는 노동자에 대하여 그 자신이 노동생산물을 향수하는 것을 단념하게 하고, 생전이거나 사후이거나 이것을 다른 사람에게 양도하는 것까지 금지할 수는 없기 때문이다. 노동과 계속적으로 결합하게 되기만 하면, 소유권은 신선함과 건전성을 잃지 않게 된다. 이 소유권은 여기에서 끊임없이 새로 발생하고 갱신되는 원천(源泉)을 거치고 나서야 비로소 그것이 인간에 대하여 어떠한 가치가 있느냐는 것이 근본적으로 밝혀지게 된다. 그러나 그 물의 흐름이 원천에서 점점 멀어져서 손쓸 필요도 없게 되거나 아니면 노고를 하지 않아도 되는 취득(取得)의 유역에 다다르게 되면, 그 흐름은 차츰 혼탁해지고 끝내 투기와 주식사기의 진흙탕 속에 휘말리게 되고, 이렇게 되면 본래 지니고 있었던 흔적을 모조리 상실해 버리고 만다. 소유권의 도덕적 이념의 조각 하나도 남지 않은 이곳에서는 소유권 방위의 도덕적 의무감정은 더 이상 입에 올려 거론할 만한 것이 되지 못할 것임은 두말할 필요도 없다. 그렇다 보니 이마에 땀을 흘려 빵을 얻어 살아가야 하는 사람들의 생기발랄한 소유감은 여기에서 전혀 이해할 수 없다. 게다가 이보다 더욱 나쁜 것은 이러한 원인에 의하여 좋지 않게 조성된 생활의 기분과 습관이 다른 사람과 접촉하지 않았더라면 자연적으로는 그렇게 될 리가 없는 사람에게까지 파급되어가는 점이다.[12] 투기로 손에 넣은 억만금의 영향은 가난한 사람의 초가지붕에까지 미칠 수 있다. 다른 환경에 처해서라면 노동에 곁들인 수확(收穫)이라는 그에게 걸맞는 경험을 체득하였을 사람이라도 이러한 분위기의 퇴폐적인 중압(重壓) 아래에서는 노동을 다만 저주(咀呪; Fluch)라고 느끼게 될 따름이다―공산주의(共産主義)는 소유권이념이 완전히 사라진 진흙탕 속에서 융성하게 되어 있으며, 이 이념의 연원에 견주어 보면 공산주의 같은 이념체계(理念體系)는 있을 필요가 없는 것이다. 지배계급의 소유권에 관한 사고방식(思考方式)은 그 계급에 그치지 않고 사회의 다른 계급에까지 전파된다는 경험은 촌락의 경우 완전히 반대의 방향으로 나타난다. 촌락에 오랫동안 살아오면서 농민과의 접촉을 끊지

---

12 이에 대한 흥미 있는 예증을 보여주고 있는 것은 주로 학생이 거주하고 있는 독일의 작은 대학도시이다. 즉 금전사용에 대한 학생의 기분과 습관이 부지불식 중에 시민 전체에 전파되는 점이 그것이다.

않고 지낸 사람은 설사 그 환경(環境)이나 인품(人品)으로 보아서는 이에 맞지 않는다 하더라도 알게 모르게 이들 농민의 소유감(所有感)과 절약정신(節約精神)을 어느 정도는 받아들이게 된다. 그저 그렇고 그런 보통사람이라면 또 다른 사정에 놓이게 되면, 그런대로 촌락에서는 농민과 함께 절약가(節約家)가 되고, 빈(Wien) 같은 도회지에서는 백만장자(百萬長者)처럼 낭비가(浪費家)가 되기 십상이다.

그렇지만 목적물의 가치에 자극받아 반항하려는 것이 아닌 한, 그저 안일을 일삼고 권리를 위한 투쟁은 피하려고만 하는 그런 미온적 사상이 어디에서 유래되었든지 간에, 우리들에게 긴절한 것은 그것을 탐지하고, 또한 그것을 있는 그대로 밝혀내야 하는 것이다. 그것을 떠들어대는 실용적 처세철학(實用的 處世哲學)은 한낱 비겁한 술책(術策)에 지나지 않는다. 전쟁터에서 도망치는 비겁자도 다른 사람을 희생으로 삼아 자기의 생명을 구할 수가 있기는 하다. 그러면서 그는 자기의 명예(名譽)를 희생시켜 그 생명을 구하는 경우도 있다. 이 경우 다른 사람들이 자기 입장을 고수해 주어야만 도망친 비겁한 행위에 반드시 따라 생겨나게 되는 결과를 이겨내고 당해자(當該者)와 함께 공동체(共同體)를 지켜내게 된다. 다른 사람이 모두 비겁자처럼 생각하게 되면 그들은 모두 멸망해 버리고 말 것이다. 이와 똑같은 말을 권리의 비겁한 포기에 대해서도 그대로 할 수 있다. 어느 한 개인의 행위로서는 해가 되지 않는다고 하더라도 그것이 행위의 일반준칙(一般準則)으로까지 된다면, 권리 그 자체가 파멸할 것이다. 이러한 사정임에도 불구하고, 앞에 말한 행동이 겉으로 보기에 해가 없어 보이는 것은 불법(不法)에 대한 법의 투쟁이 대체로 그러한 사정에 의하여 그다지 영향을 받지 않는 한에서만 가능하다. 왜냐하면 실로 이 투쟁은 어느 한 개인의 책임일 뿐만 아니라 발달한 국가에서는 개인의 권리, 그 생명, 그 인격 및 그 재산에 대한 모든 중대한 침해를 적극적으로 소추하게 하여 처리함으로써, 국가권력(國家權力)도 대규모로 이 투쟁에 참여하여 경찰(警察)과 형사법관(刑事法官)이 미리 권리주체(權利主體)를 위하여 사건의 가장 곤란한 부분을 떠맡아 버리기 때문이다. 그리고 이러한 추급(追及)은 전적으로 개인에게만 치우쳐 있는 권리침해에 관하여도 그 투쟁이 중단되지 않도록 배려하고 있다. 그렇게 생각할 만한 것도 모든 사람이 비겁자의 계략을 따르는 것도 아니며, 비겁한 행위자라 하더라도 최소한 계쟁물(係爭物)의 가치가 자기의 안일보다 더 클 경우에는 즉시 투쟁자의 군집으로 들어오기 때문이다. 권리주체가 의존하고 지내던 경찰(警察)과 형사사법(刑事司法)이 없어진 상태를 떠올려 봄이 좋을 듯싶다. 고대 로마에서와 같이 절도나 강도의 추급이 전적으로 피해자에게 맡겨져 있던 시대에 거슬러 올라가 생각해 보기로 하자. 그렇게 되면 그러한 권리의 포기라는 것이 어떠한 결과를 초래할 것인지를 바로 알게 될 것이다. 절도나 강도의 장려로 끝나버린다고밖에 할 수 없지 않은가? 이와 똑같은 말을 국제간의 생활에 관해서도 할 수 있다. 왜냐하면 이 경우 각 국민이 철저히 자주독립하여 있고, 그 권리의 주장을 도와줄 만한 더 높은 권력은 존재하지 않기 때문이다. 그리하여 불법(不法)에 대한 저항(抵抗)을 계쟁물(係爭物)의 물질적 가치에 의하여 측정하려는 처세관(處世觀)이 국제적인 관계에서 무엇을 의미하는지는 앞에 서술한 1평방마일의 예(원저 17면, 본 역서 제2장)를 돌이켜 보면 그대로 알 수 있다. 그러나 우리가 어느 곳에서 시험해 보더라도 권리의 붕괴나 파괴밖에 아무것도 떠오르지 않는 그러한 원칙(原則; Maxime)이 예외적으로 아주 파격적인 사정 덕분에 염려되는 결과를 발생시키지 않게 된다 하더라도, 이 원칙을 정당하다고 생각하는 것은 옳지 않다. 필자는 다음에 비교적 좋은 상황에서라도 이 원칙이 그 자체 얼마나 유해한 영향을 끼치게 되는지를 서술하는 기회를 가질 작정이다.

이런 계제에 우리는 이러한 처세의 원칙 즉 태만(怠慢)의 도덕을 떨쳐버려야 한다. 그러한 원칙은 건전한 법감정을 가지고 있는 민족이나 개인이라면 지금까지 가져 본 적도 없을 그러한 것이다. 그것은 병적으로 마비된 법감정의 징후이자 소산이며, 법의 영역에서 극단적으로 표출된 물질주의(物質主義) 이외에 아무것도 아니다. 물질주의도 이 영역에서는 충분한 존재이유를 가질 수 있는데, 그것은 일정한 한계 내에서의 일이다. 순수하게 객관적인 불법의 경우(원저 21~25면, 본 역서 제3장)에는 권리의 취득, 그 이용 및 주장까지도 순수한 이익문제(利益問題)이다. 이익은 주관적 의미에서의 법의 실질적인 핵심이다.[13] 그렇기는 하지만 법에 거스르는 편파심에 치우쳐서 법의 문제를 이익의 문제와 혼동하는 유물주의적인 고찰방법에 대해서는 정당성을 인정할 수 없다. 왜냐하면 노골적인 전단(專斷)이 권리에 가하는 타격은 그대로 인격에 대하여 가해지는 것이기 때문이다.

어느 물건이 권리의 목적물인지의 여부는 그렇게 문제되지 않는다. 단순한 우연(偶然)이 어느 물건을 특정한 사람의 권리의 범위 내에 들어가게 했다면 그 사람을 해치지 않고 그것을 다시 거두어갈 수도 있을 것이다.[14] 그러나 어느 물건과 사람을 결부시킨 것

---

13 필자의 『로마법의 정신』 제3부 제60장 중에 상론하였다.

14 [역자 주] 자기 집에서 키우는 닭이 수탉을 좇아 이웃집에서 놀면서 곧잘

이 우연이 아니고 그 사람의 의사였다면, 이 사람의 의사는 그 자신 또는 다른 사람의 과거의 노동(勞動)을 희생함으로써만 일정한 관계를 가지게 된다. 그렇기 때문에 이 사람이 그 물건에 대하여 소지하고 있거나 주장하는 것은 그 자신 또는 타인의 과거 노동의 일편(一片)인 것이다. 이 사람은 그 물건을 자기의 것으로 만듦으로써 그것에 인격의 각인(刻印)을 하는 셈이다. 그 물건을 침해하는 자는 그 사람의 인격을 침해하는 것이며, 그 물건에 대해서 가해지는 타격은 그 물건에 각인되어 있는 그 사람 자신을 가격하는 것으로 된다.—소유권은 물적으로 확대된 어느 사람의 겉싸개[外緣; Peripherie]에 지나지 않는다고 할 수 있다.

이러한 권리(權利)와 인격(人格)의 관련성은 그 종류를 불문하고 모든 권리에 비교조차 할 수 없이 높은 가치(價値)를 부여한다. 이익의 관점에서 보아 어느 권리나 지니고 있는 순수한 물질적인 가치에 견주어 필자는 이것을 이념적 가치(理念的 價値)라고 부른다. 앞에서 말한 권리의 주장에 있어서의 그 열심(熱心)과 잠활력(潛活力; Energie)은 이 가치에서 유래한다. 이러한 권리의 이념적 견해(理念的 見解)는 천품(天稟)을 잘 타고난 지체 높은 인물의 특권(特權)이 아니고, 전혀 교양이 없는 사람이나 아주 수준 높은 교양을 갖춘 사람이나, 아주 부유한 사람이나 찢어지게 빈곤한 사람이나, 야만적인 원시부족(原始部族)이나 문명국민(文明國民)이나 동등

---

그 집의 둥우리에 알을 낳곤 한다. 이웃집 아저씨는 여러 말이 필요 없다. "아, 어제도 또 내려와 낳았지" 하며 주저 없이 달걀 하나를 꺼내 들고 올라간다. 이웃집에 사는 사람끼리 달걀에 관한 소유권의 결정은 생활 속에 묻혀버리고 말았다. 그래도 아무런 문제가 생기지 않는다. 자칫 디엔에이(DNA)라도 검사하자는 말이 나오게 되면 산통 다 깨지는 일이다.

하게 이를 함유할 수 있다. 그리고 바로 이 점이 이상주의(理想主義)가 법의 궁극적인 본질에 얼마나 깊이 있게 뿌리 내리고 있는지를 잘 보여 주는 것이다. ─이 이상주의라는 것은 법감정(法感情)의 건전성(健全性) 바로 그것이다. 이렇게 하여 법은 겉으로는 인간으로 하여금 어느 면에서 이기주의(利己主義)와 타산(打算)의 늪지로 떨어뜨리는 것 같이 보이지만 다른 한편으로는 이와 달리 인간을 이상의 높은 곳으로 이끌어 가기도 한다. 그리고 이 이상의 고지에서 인간들은 그 늪지에서 습득하여 알게 된 작은 재능(才能)이나 타산(打算)이나 아니면 만사를 도모함에 사용해 온 공리(功利)라는 척도를 생각지 않고 오로지 이상(理想)을 기본으로 삼는다. 순수하게 물질적인 영역에서는 산문(散文; Prosa)이었던 것을, 법은 인격적인 것의 분야로, 즉 인격의 주장을 목적으로 하는 권리를 위한 투쟁으로 시(詩; Poesie)가 되게 한 것이다. ─권리를 위한 투쟁(鬪爭)은 실제로 절조(節操; Charakter)의 시(詩)라는 감을 준다.

그렇다고 하더라도 도대체 이 기적을 일으키는 것은 무엇인가? 그것은 지식도 아니고 교양도 아니며, 고통(苦痛)이라는 순수한 감정(感情)이다. 고통은 위협당하는 본능의 위급을 알리고, 구조(救助)를 구하는 절규의 울부짖음이다. 그것은 육체적 조직에 대하여 말할 수 있는 것과 마찬가지로 정신적 조직에 대하여도 말할 수 있는 것이다(원저 27면, 본 역서 제3장). 의사(醫師)에 있어서의 인체(人體)의 병리학(病理學)에 해당하는 것은 법률가(法律家) 및 법철학자(法哲學者)에 있어서는 법감정(法感情)의 병리학이다. 혹여 좀 더 정확하게 말하면, 이미 그렇게 되어 있다고 주장하는 것은 옳지 않을지도 모르기 때문에 그렇게 말하는 것이다. 이 병리학 속에 법의 온갖 비밀이 숨겨져 있다. 인간이 자기 권리를 침해당하여 느끼는 고통에는 권리라는 것이 어느 한 개인 자기를 위해서 무엇을 의미하는가, 우선 먼저 자기 한 개인을 위해서 무엇을 의미하는가, 그 다음에는 그것이 인간사회를 위해서 무엇을 의미하는가에 관하여 억지로 표출하게 되는 본능적인 고백(告白)이 포함되어 있다. 권리의 참된 의의와 진정한 본질은 오랫동안 무사안일하게 향수하는 경우보다도 격정(激情)이라고 할 만한 직접적인 감정의 형식을 띠게 되는 어느 한순간에 더욱 명확하게 드러난다. 자기 자신이 직접 또는 타인을 통해서라도 이 고통을 경험한 적이 없는 사람은 설사 법전(法典)을 처음부터 끝까지 암기한다 하더라도 권리가 무엇인지를 제대로 알지 못한다. 지성(知性)이 아니라 감정(感情)만이 이 문제에 대답할 수 있다. 그러므로 언필칭 모든 법의 심리적 원천을 법감정이라고 부르는 것은 틀린 말이 아니다. 법의식(法意識)이나 법적 확신(法的 確信)은 학문에 의한 추상(抽象)으로 일반 사람들이 이러쿵저러쿵 할 일이 아니다.—법의 힘은 연애의 힘과 마찬가지로 감정 속에 있는 것이다. 지성이나 식견(識見)으로는 만족스럽지 못한 감정을 갈음할 수 없다. 그러나 연애(戀愛)가 평소에는 자기 자신을 깨닫지 못하고 있으면서도 그것을 완전히 자각함에는 단 한 번의 기회만 있으면 충분한 것과 마찬가지로, 법감정도 자극을 받지 않은 상태에서는 보통 그 질감(質感) 여부가 어떠한지 또는 그 자체에 무엇이 곁들여 있는지를 알지 못한다. 그런데도 권리침해(權利侵害)는 법감정으로 하여금 진언케 하고, 그 위에 진리를 밝히고 또 견디는 힘까지 발휘케 하는 고문(拷問)이다. 이 진리가 어디에 있는가에 관해서는 필자가 이미 앞에서(원저 20면, 본 역서 제3장) 설명한 바 있다. 권리는 인격의 정신적 생존조건(精神的 生存條件)이며, 권리의 주장은 인격 자체의 정신적 자기보존(精神的 自己保存)이다.

법감정이 자기에게 가해진 침해에 대하여 실제로 반응하는 힘은 법감정의 건전성(健全性)을 측정하는 시금석(試金石)이다. 이 감정이 느끼는 고통(苦痛)의 정도는 피해를 받은 재화에 얼마만큼의 가치가 들어 있는지를 가르쳐 준다. 그러나 고통을 느끼면서 그 속에 포함되어 있는 경고를 무시하는 것, 자기를 방위하지도 않으면서 쓸데없이 그 고통을 참기만 하는 것은 법감정의 부정인 것이며, 개별적인 경우에 사정에 따라서는 허용될 수도 있겠지만, 그러한 상황이 오랫동안 지속하게 되면 법감정(法感情) 그 자체에 대한 지극히 유해로운 결과를 빚어낼 것임에 틀림없다. 왜냐하면 법감정의 본질은 행위인 것이며, 행위를 제대로 해 나갈 수 없는 경우에는 이 감정은 활력을 잃게 되고 차츰차츰 무뎌지게 되어 끝내는 거의 고통을 느끼지 않게 되어 버리기 때문이다. 감수성(感受性) 즉 권리침해의 고통을 느끼는 능력과 실행력(實行力), 바꿔 말하여 공격을 격퇴하는 용기(勇氣)와 결단(決斷)은 필자의 견해로는 건전한 법감정의 양대 규준임에 틀림없다.

　　여기에서 법감정의 병리학이 지니는 이 흥미롭고 풍부한 제목에 관해서 상론하는 것은 생략하기로 하고, 다만 몇 가지 시사적인 논급을 덧붙이고자 함을 그대로 양지해 주었으면 한다.

　　법감정의 감수성(感受性)은 모든 개인을 통틀어 동일한 것은 아니며, 각 개인, 그 계급, 그 국민이 어느 정도로 권리의 의의를 자기 자신의 정신적 존재조건(精神的 存在條件)으로 느끼느냐에 따라서 아둔할 수도 있고, 아니면 예민할 수도 있게 된다. 그리고 이러한 경향은 권리 일반의 의의에 관해서만 말해야 하는 것이 아니라 개개의 특정한 법제도에 관해서도 똑같이 말할 수 있는 것이다.

이 사실은 소유권(所有權)과 명예(名譽)에 관해서 앞에서(원저 28면 내지 31면, 본 역서 제3장) 밝힌 바 있으며, 이에 다시 제3의 경우로서 혼인(婚姻)의 예를 떠올려 볼까 한다. 각 개인, 국민, 입법이 간통(姦通)에 대하여 취하고 있는 갖가지 태도에는 어떠한 반성이 뭉쳐 깃들어 있는 것일까?

법감정의 제2의 계기, 즉 실행력(實行力)은 전적으로 절조(節操)의 문제이다. 어느 개인이나 국민이 권리침해(權利侵害)에 직면하여 취하는 태도는 절조를 보여 주는 가장 확실한 시금석(試金石)이다. 이 절조라는 것을 어느 누구에게도 의존하지 않고 자기 자신을 주장할 수 있는 인격성(人格性)이라고 이해한다면, 전단(專斷)이 권리를 침해함과 동시에 인격을 침해하는 경우만큼 이 성질을 시험하기 좋은 기회는 없다. 침해당한 법감정과 인격감정이 거기에 대하여 반응하는 형식, 즉 격정(激情)을 일으켜 난폭하면서도 격앙된 행동으로 반응하는지의 여부, 절제는 있으나 지속적인 반항을 하면서 반응하는지의 여부는 법감정의 힘의 강도를 측정함에 있어서 그 규준으로 삼기에 적절치 못하다. 그리고 전자의 방식을 취하는 것이 보통인 야만민족(野蠻民族) 또는 교양 없는 사람들에게는 제2의 길을 택하는 교양 있는 사람보다도 강한 법감정이 있다고 생각하는 것만큼 크나큰 잘못도 없을 것이다. 어떠한 형식을 취하는지는 많든 적든 교양(敎養)과 기질(氣質)의 문제이며, 야만(野蠻), 격렬(激烈), 열정(熱情)은 반항(反抗)의 확고부동(確固不動), 불요불굴(不撓不屈), 불인저항(不忍抵抗)과 전적으로 같은 내용의 표현이다. 만일 그렇지 않다면 설명하기 어려운 문제가 될 것이다. 그 까닭은 만일 그렇게 되면 개인이나 국민은 교양을 넓히면 넓힐수록 점점 그 법감정을 상실해 가는 것으로 되기 때문이다. 그러나 역사와 시민생활을 훑어보면, 이러한 생각이 잘못된 것임을 바로 알 수 있다. 마찬가지로 빈부(貧富)의 대립도 이 점에 있어서는 결정적인 것이 되지 못한다. 부자와 가난뱅이가 물건을 측정하는 가치척도가 크게 다르기는 하지만, 그 척도는 이미 앞에서 서술한 바와 같이 권리의 멸시(蔑視)에 즉응해서는 그대로 적용되는 것이 아니다. 왜냐하면 이 경우에 문제로 되는 것은 물건의 물질적 가치(物質的 價値)가 아니라 권리의 이상적 가치(理想的 價値), 이따금 재산이라는 특별한 방향으로 굳혀진 법감정의 잠활력인 것이며, 재산의 성질이 아니라 법감정의 성질이 이 경우에는 결정적이기 때문이다. 이에 대하여 아주 좋은 예증을 보여주는 것은 영국 국민이다. 영국 국민의 부(富)는 이들 국민의 법감정을 조금이라도 해한 적이 없다. 그리고 이들 영국인이 사소한 소유권의 문제에 있어서까지 어느 정도의 잠활력(潛活力)을 가지고 자기를 방위하는지에 관하여는 유럽대륙에서 영국인 여행자들이 종종 저지르는 행동을 짐작해 그 전형적인 자태를 떠올려보면 그런대로 납득할 만하다. 즉 영국인은 여관주인이나 마차꾼이 요금을 속여 먹으려고 드는 경우, 마치 옛날 영국의 법을 방위하지 않으면 안 되었던 것 같은 결연한 태도로 이를 거절하고, 필요하면 자기의 출발을 연기하면서 며칠이라도 더 머무르고, 자기가 거절한 몇 십 배의 금액을 지급하게 되더라도 아까워하지 않는다. 일반 사람들은 이것을 비웃고 그들을 이해하지 못한다.—그들을 이해해 주면 좋으련만! 왜냐하면 그들이 이 경우에 고수하는 불과 몇 굴덴(Gulden)[15] 속에는 실로 옛날 영국이 숨겨져 있기 때문이다. 그리고 그의 고국에서는 모든 사람이 그러한 행동을 양해하고, 이에 덧붙여 쉽사리 그러한 사람을

---

15 [역자 주] 굴덴(Gulden): 독일에서 14세기 이래 통용되었던 금화(金貨).

속이려고 하지도 않기 때문이다. 같은 사회적 위치와 동등한 재산 관계에 놓여 있는 오스트리아인이 똑같은 처지를 맞게 되었다고 해 보자. 그렇다면 그는 어떻게 행동하였겠는가? 이 점에 관해서 필자 자신의 경험에 비추어 보면, 영국인과 같은 행동을 취할 사람은 백 명 중 열 사람도 되지 않을 것이다. 그 밖의 사람들은 분쟁이라는 불쾌감, 다른 사람 눈에 띄는 창피, 자기가 받을지도 모르는 오해를 아주 꺼린다. 이러한 오해를 영국인으로서는 영국에서는 조금도 두려워할 게 아니고 유럽대륙에서는 그냥 그대로 참고 견뎌내는 셈이다. 어쨌든 오스트리아인들은 지급하고 만다. 그러나 영국인이 거절하고 오스트리아인이 지급하는 이 몇 굴덴 속에는 사람들이 믿고 있는 이상의 것이 숨겨 있다. 즉 거기에는 영국과 오스트리아의 다른 한 편린(片鱗)이, 즉 양국 쌍방의 수 세기에 걸친 정치적 발전과 그 사회생활의 역사가 깃들어 있는 것이다.[16]

---

16 이 한 절에 관하여는 본서가 만들어지는 기초가 된 강연을 빈에서 하게 된 것이고, 따라서 필자에게는 상기의 영국인과 오스트리아인의 비교가 가장 알기 쉬운 것이었기 때문에 끼워 넣었던 것임을 양해해 주시기 바란다. 이 비교는 이곳저곳 여러 방면으로부터 악감(惡感)을 샀고 또한 오해를 받기도 한 것이다. 오스트리아인의 동포에 대한 가장 따뜻한 관심이, 그리고 법감정이 이 동포 속에 굳세어지도록 필자의 미력을 다해야 되겠다는 소망이 필자로 하여금 이러한 언사(言辭)를 쓰게 한 것임을 양찰하지 않고 필자를 무슨 야비한 마음을 가진 자인 것처럼 생각하기도 했던 것이다. 그러나 그러한 마음이 필자처럼 없는 사람도 많지 않을 것이며, 그 증거로는 필자가 빈 대학의 교사로 지낸 4년간을 통하여 그러한 마음을 가지게 될 원인이 없었던 까닭에 필자는 이와는 반대로 가장 깊은 감사의 뜻을 간직한 채 거기를 떠났던 것이다. 필자가 위의 발표를 하게 된 동기와 그 발표를 한 마음이 오스트리아 독자 여러분으로부터 한층 높이 평가되리라고 확신한다.

# 제4장

# 사회에 대한 의무로서의
# 권리의 주장

필자는 지금까지 앞에서(원저 20면, 본 역서 제3장) 제기한 두 가지 명제(命題) 중 첫 번째인 권리를 위한 투쟁은 권리자의 자기 자신에 대한 의무라는 것에 대하여 논술하는 데 주력해 왔다. 이제 부터는 두 번째의 명제인 권리의 주장은 사회공공(社會公共)에 대한 의무라고 하는 점에 집중해 논술해 보고자 한다.

이 명제를 설명하는 기초로 삼기 위해서는 객관적(客觀的) 의 미에서의 법과 주관적(主觀的) 의미에서의 법의 관계를 좀 더 상세 하게 살펴볼 필요가 있다. 이 관계의 핵심은 어디에 있는 것인가? 만일 전자가 후자의 전제를 이루고 있는 데에 있다고, 즉 구체적 권리(具體的 權利)는 추상적 법규(抽象的 法規)가 규정하는 조건이 존재하는 경우에만 존재한다고 한다면, 널리 인정을 받고 있는 통 설을 충실히 따르는 것이라고 할 수 있다. 통설을 따르게 되면 양 자의 상호 관계는 더 이상 탐지할 것이 없다. 그러나 이러한 규명 방식은 너무나 일면적이어서 오로지 구체적 권리가 추상적 법률에 의존한다는 것만을 강조하고 이러한 의존관계가 반대 방향으로도 동등하게 걸쳐 있다는 사실은 아예 지나쳐 버리는 경향이 있다. 구체적 권리는 추상적 법률로부터 생명과 힘을 부여받을 뿐만 아니라 이와 반대로 추상적 권리에 그 받은 것을 되돌려 주기도 한다. 권리의 본질(本質)은 실제로 구현됨에 있다. 그러므로 그 실천에 한번도 끼지 못했거나, 또한 그랬다 하더라도 작금 다시 실현의 기회를 잃게 되어 버린 법규범은 더 이상 법규범이라고 지칭될 수 없다. 그러한 법규범은 늘어난 용수철과 같기 때문에 법률기계를 작동시켜 나갈 수 없다. 그러므로 그것을 제거해 버린다 해도 아무런 변고도 생겨나지 않는다. 이 원칙은 국법(國法; Staatsrecht)이거나 형사법(刑事法; Criminalrecht) 또는 사법(私法; Privatrecht)이거나를 불문하고 모든 법의 각 부문에 그대로 들어맞는다. 로마법은 불사용(不使用; desuetudo)을 법규의 폐지원인(廢止原因)이 되는 것으로 하여 그것을 명시적으로 채택하고 있었다. 위의 원칙은 이것과 비껴 말하게 되면 계속적 불행사(繼續的 不行使; nonusus)[1]에 의한 구체적 권리의 소멸이 된다. 공법(公法) 및 형법의 법적 실현이 국가적 관청의 의무라는 형식을 취하는 데 반해 사법(私法)의 실현은 사인(私人)의 권리라는 형식을 취한다. 다시 말해 전적으로 사인의 발의(發意)와 적극적인 행위에 맡겨져 있다. 전자의 경우에는 법규의 법적 실현은 국가의 관청 및 관리가 그 의무를 이행하는 데 의존하고, 후자의 경우에는 사인(私人)이 권리를 주장하는 데 맡겨져 있는 것이다. 만일 어느 사인이 자기의 권리 있음을 몰랐기 때문에, 아니면 안일 내지 나약 때문에 그렇게 되었든지 일정한 관계에서 자기의 권리를 계속적 또는 일반적으로 행사하지 않은 때에는,

---

1 [역자 주] nonusus: 계속적으로 권리를 행사하지 않는 것. 여기에서는 소멸시효(消滅時效)를 빚어내게 됨을 말한다.

그 해당 법규는 사실상 마비상태에 있게 되는 것이다. 그렇기 때문에 사법의 여러 법규의 현실성, 그 실질적인 힘은 구체적 권리행사에서, 그리고 그 주장에 의하여 확인되는 것이며, 각 구체적인 권리는 권리로서 그 생명을 법규로부터 부여받고, 다른 한편으로는 법규에 그 받았던 것을 되돌려 준다. 다시 말해서 객관적이거나 또는 추상적인 법과, 주관적이면서 구체적인 법의 관계는 마치 심장으로부터 흘러나와 심장으로 돌아들어가는 혈액순환(血液循環)과 같은 것이라고 할 수 있다.

공법(公法)의 여러 법규의 실현문제는 공무원의 의무에 대한 충실성(忠實性) 여하에 달려 있고, 사법규정(私法規定)의 실현문제는 권리자(權利者)로 하여금 자기의 권리주장을 하게 만드는 동기, 즉 그 이익향방(利益向方)이나 법감정의 유효성(有效性)에 달려 있다. 그러므로 이러한 것들이 작동을 제대로 하지 못하게 되면, 법감정이 마비되거나 무력해지며, 게다가 이익관심이 태만이나 쟁론(爭論)에 대한 꺼려함과 소송에 대한 두려움을 이겨낼 만큼 굳세지 못한 경우에는 그저 법규가 적용되지 않는다고 하는 간단한 결말이 되고 만다.

그래서 그것이 어찌 된단 말인가? 그렇게 되어 고통받게 되는 것은 권리자 자신뿐 아닌가? 이렇게 사람들은 필자에게 힐문할는지도 모르겠다. 필자는 앞에서(원저 37면, 본 역서 제3장) 예로 들어 설명한 비유인 전투로부터 도망친 개인이라는 비유를 다시 한 번 인용해 보고자 한다. 천 명이 싸우지 않으면 안 되는 때에는 어느 누구도 한 사람쯤 도망친다 하더라도 알아차리지 못하고 지나칠지 모른다. 그러나 이들 중 백 명이 군 깃발을 버리게 되면 충실히 전

선을 지키고 있는 사람들의 상태는 그만큼 곤란하게 되고 저항의 부담이 점차 전부 그들의 어깨 위에 지워지는 꼴이 된다. 이 비유 가운데 필자가 말하고자 하는 진상은 그런대로 웬만큼 밝혀졌다고 생각한다. 사법(私法)의 분야에서도 법의 불법에 대한 투쟁, 모든 사람이 일치단결해야만 할 전 국민 공동의 투쟁이라는 것이 있는 것이고, 이 경우에 도망치는 자는 누구를 막론하고 배반(背反)의 죄를 짓는 것이 된다. 왜냐하면 그는 적의 자신감과 사기를 부추겨 줌으로써 적의 힘을 강화해 주는 것이기 때문이다. 전단(專斷)과 무법이 뻔뻔스럽게, 그리고 대담하게 머리를 치켜든다면, 이것은 항상 법규를 방위할 책임 있는 자가 그 의무를 지키지 못했다고 하는 확실한 증거이다. 그런데 어떻게 보면 사법에서는 각 사람이 모두 자기 위치에서 법규를 방위해야 하며, 각자의 힘이 닿는 데까지 법규의 수호자가 되고 집행자가 될 것을 명령받고 있는 것이라고 할 수 있다. 그 이익의 범위 내에서 법규를 위하여 투쟁함으로써 불법을 방어한다고 하는 국가로부터 부여받은 권능, 즉 공무원에게 부여되어 있는 무조건적이고도 일반적인 요구에 견주어, 각자에게 인정되어 있는 구체적인 권리는 조건부이며 특수한 요구라고 생각된다. 자기의 권리를 주장하는 사람은 자기의 권리라는 국한된 범위 내에서 법 그 자체를 방위하는 것이 된다. 그러므로 그가 취하는 행동은 그의 일신을 훨씬 뛰어넘는 이익과 효과를 지니는 셈이다. 그가 취하는 행동에 결부되어 있는 일반적 이익은 법규의 권위와 존엄이 그 자체 작동한 것이라는 관념적 이익(觀念的 利益)에 그치는 것이 아니기 때문에 관념적인 이익을 전혀 이해하지 못하는 자라 할지라도 누구나 느낄 수 있고, 또한 이해할 수 있는 아주 현실적이고도 실제적인 이익이다. 이러한 현실적 이익은 각자가 나름대로 관심을 가지는 거래생활(去來生活)의 안정된 질서가 보장되고 유지된다는 것이다. 만일 고용주(雇傭主)가 노비조례(奴婢條例)[2]를 적용하지 않고, 채권자(債權者)가 채무자(債務者)의 물건을 압류하려 하지 않고, 일반 구매자가 정확한 저울눈금이나 공정가격(公定價格)의 견지를 존중하려 하지 않는다면, 그와 함께 법규의 이념적 권위가 위태롭게 될 뿐만 아니라 시민생활의 현실적인 질서가 걷잡을 수 없이 무너지고, 이에 따른 유해한 결과가 어느 범위에까지 미치게 되겠는가? 예컨대 거래 전체의 신용계통(信用系統)이 이에 의하여 심한 타격을 받게 된다면, 그것은 말하기조차 끔찍스러운 일이다. 왜냐하면 각 사람이 자기의 확실한 권리를 실행하기 위해서 매번 쟁론을 벌일 각오를 해야 한다면, 각 개인은 될 수 있는 한 그러한 상황을 피하려 할 것이기 때문이다. 이렇게 되면 각 개인의 자본(資本)은 고국을 떠나 외국으로 옮겨가게 되고 사람들은 필요한 상품을 국내에서 구하지 않고 외국에서 구해 들여오게 될 것이 뻔한 일이다.

이러한 사정 아래에서는 법규를 적용하려는 용기를 가진 소수자의 운명은 진정한 순교(殉敎; Märtyrerthum)로 기려질 만하다. 전단(專斷)에 굽실거리기를 용납하지 않는 그들의 굳건한 법감정은 기껏해야 그들에게 한낱 저주가 되기 십상이다. 원래대로라면 아

---

2 [역자 주] 노비조례(奴婢條例; Gesindeordnung): 슈타인 하르텐베르그에 의한 농업개혁의 전제로서 1810년 11월 8일에 제정되었다. 이 조례에 의하여 농노제(農奴制)는 폐지되고, 노비의 고용관계는 일응 자유로운 사적 계약(私的 契約)에 맡겨지게 되었지만, 다른 일면 노비는 공권력(公權力)의 보증 아래 지주층(地主層)의 혹독한 가부장제적 지배에 놓이게 되었다. 그 후 몇 차례의 제도강화책이 시행되었음에도 불구하고 자본주의의 발전과 함께하지 못하는 유명무실한 존재로 되었으며, 1918년 11월 혁명의 진작을 배경으로 폐지되었다.

주 친한 친구였을 사람들로부터 버림을 받아가면서, 그들은 세간의 무관심과 나약함이 자아낸 무법에 홀로 대항하며 지내게 된다. 이렇게 그들이 어려운 희생을 치르고 나서 자기 자신에게라도 충실하였다는 만족을 얻기라도 할 즈음에 그들을 맞이하는 것은 정당한 평가는커녕 으레 조소나 경멸밖에 없다. 이러한 사태에 대한 책임은 법규를 위반한 사람들에게가 아니라 법규를 지키려는 용기를 갖지 못한 사람들에게 지워져야 한다. 불법(不法)이 법을 밀어낸 때에는, 불법을 탄핵할 것이 아니라 이것을 감수하고 만 법을 탄핵해야 한다. 그리고 만일 필자가 "불법을 저지르지 말라"와 "불법을 참지 말라"라는 두 가지 명제를 거래에 대한 실제적 의의에 따라서 평가해야 한다면, 필자는 제1의 명제는 "불법에 대해 참지 말라"로, 제2의 명제는 "불법을 하지 말라"라고 말할 것이다. 왜냐하면 인간이 본연의 모습 그대로 내팽개쳐지고 권리자의 저항이라는 것을 없는 것으로 친다면, 근본적으로 그저 그러한 도덕적 힘밖에 없는 명령보다 확호불발(確乎不拔)의 저항이 뒤따르리라는 쪽이 오히려 훨씬 더 강하게 사람들로 하여금 불법을 저지르지 않게 할 수 있을 것이기 때문이다.

그렇다면 이와 같이 서술하고 나서 필자가 공격받게 되는 구체적 권리를 지키는 것은 권리자(權利者)의 자기 자신에 대한 의무임에 그치지 않고 그것이 또한 사회공공에 대한 의무가 되는 것이라고 주장한다면, 이것은 너무 지나친 말일까? 권리자는 자기의 권리를 통하여 동시에 법규를, 그리고 법규를 통하여 동시에 사회공공의 불가결한 질서까지를 방위한다는 필자의 소론이 그대로 타당한 것이라고 한다면, 이 방위는 사회공공에 대한 불가결의 의무로서 권리자에게 부과되어 있다는 것을 부정하는 자가 있을 수 있겠는가? 생명과 신체를 걸지 않으면 안 되는 외적(外敵)에 대한 투쟁에 사회가 권리자를 소집할 수 있다면, 다시 말하여 각자가 외부에 대하여 공동의 이익을 고수할 의무를 지고 있는 것이라고 한하면, 이러한 일은 내부에서도 그대로 할 수 있는 것이 아닐까? 앞의 경우에 외부의 적에 대하는 것과 같이 나중의 경우에도 내부의 적에 대하여 모든 정직한 사람과 용기 있는 사람이 통틀어 규합하고 또한 굳게 단결하여야 되지 않겠는가? 그리하여 만일 전자의 투쟁에서 비겁한 도망이 공동의 사업에 대한 배반이 되는 것이라면, 후자의 경우에도 그에게 같은 비난을 하지 않을 수 없지 않은가? 한 나라에서 법과 정의가 의미 있게 구현되는 것은 법관이 법정에서 항상 대기하고, 경찰이 형사를 파견하는 것만으로 전부 해결되는 것이 아니고, 각자가 자기 본분에 맞춰 제대로 협력하지 않으면 안 되는 것이다. 각자는 전단(專斷)과 무법의 히드라(Hydra)[3]가 감히 그 머리를 치켜들려고 할 때에는 이것을 짓밟아 버릴 사명과 의무가 있으며, 법의 혜택을 받고 있는 각자는 법규의 위력과 위신을 지켜나가기 위하여 자기 분수대로 이에 이바지하여야 한다. 요컨대 각자는 사회의 이익에 견주어 권리를 위해 싸우면서 살아가야 하는 전사(戰士)이어야만 되는 것이다.

필자의 견해로는 자기 자신의 권리의 주장에 관한 개인의 사명이 아무리 중요하다 할지라도 그에 대하여 일일이 주의를 최촉(催促)할 필요까지는 없다. 종래의 학설에 따라서 우리가 가르쳐 온 법규에 대한 태도는 전적으로 일방적이고 단순히 수용적이었지

---

3 [역자 주] 히드라(Hydra): 그리스 신화에 나오는 아홉 개의 머리를 가진 뱀으로 헤라클레스에 의하여 죽고 말았다. 하나의 머리를 잘리게 된 다음에는 두 개의 머리가 생긴다고 하는 괴물.

만, 필자의 견해로는 권리자가 법규에서 얻게 된 이익을 다시 법규에 되돌려 주게 하는 교호작용으로 갈음케 하는 것을 제시하고 있다. 이것은 위대한 국민적 사명에 대한 협력이라고 할 수 있고 필자의 견해는 이러한 협력의 사명을 권리자에게 수인하도록 주문한다. 권리자 자신이 이 사명을 자각하고 있는지의 여부는 그렇게 중대한 문제가 아니다. 왜냐하면 도덕적 세계질서(道德的 世界秩序; die sittliche Weltordnung)의 위대함과 고귀함은 이것을 이해하는 사람들에게 이바지하는 것이지만, 그 사명을 이해하지 못하는 사람까지도 부지불식 중에 협력케 하는 유효적절한 특성을 그 나름대로 지니고 있기 때문이다. 인간을 결혼시키기 위해서 그 질서는 갑(甲)에게는 인간의 본능 중 가장 고귀한 것을, 을(乙)에게는 거친 관능적 쾌락을, 병(丙)에게는 안락(安樂)을, 정(丁)에게는 이욕(利慾)을 가지고 관심을 기울여 움직이게 한다. 그 동기는 각각 다르지만 이 모두 결국 혼인을 할 수 있도록 이끄는 것이다. 권리를 위한 투쟁에 있어서도 무미건조한 이익이 갑(甲)을, 당면한 권리침해에 따른 고통이 을(乙)을, 의무의 감정이나 법의 이념 그 자체가 병(丙)을 각각 싸움터에 불러내는 일이 있을 수 있다. 그러면서도 이들은 모두 공동의 사업을 위하여, 즉 전단(專斷)에 대한 투쟁을 해나갈 수 있도록 손을 맞잡는 것이다.

이렇게 하여 우리는 권리를 위한 투쟁의 이상적 최고정점에까지 도달하게 되었다. 이익(利益)이라는 낮은 단계의 동기로부터 출발하여 인격의 정신적 자기보존(精神的 自己保存)이라는 경지에 오르고, 마지막으로 사회공공의 이익에 있어서의 법이념의 실현에 맞춘 개인의 협력이라는 경지에 다다르게 된 것이다.

개인의 권리가 침해되거나 부정됨에 의해서 법 그 자체가 침해되거나 부정되는 것과 마찬가지로 개인의 권리가 방위되고 주장됨으로써 법도 방위되고 주장되는 실효를 거둘 수 있다. 이렇게 하여 권리주체의 권리를 위하여 하는 투쟁은 아주 높은 의의(意義)를 확보하게 되는지 모른다! 권리에 쏠리는 관심이 이렇게 보편적이면서도 이상적인 정상에 올라 있음에 비추어, 순수하게 개인적인 것의 분야─식견이 낮은 사람들은 이러한 것을 권리투쟁의 유일한 동기로 본다─개인적인 갖가지 이익, 목적, 정열의 영역은 낮게 처져 자리할 수밖에 없게 된다!

많은 사람들은 다음과 같이, 즉 그러나 이 높은 정점은 너무나도 높이 자리 잡고 있으므로 법철학자들이나 인식할지 모르겠지만, 그 이외의 사람으로서 법의 이념을 위해서 소송을 벌리는 사람은 없을 것이라고 말할지도 모른다. 필자는 이 주장을 논박하기 위하여 로마법을 원용해 볼까 한다.[4] 로마법에서는 이 이상적 감각

---

4 법률에 능통하지 못한 독자를 위해서 한 마디 하기로 한다. 이 소[민중소송(民衆訴訟; actiones populares)]는 이를 요구하는 자는 누구든지 법규의 대표자가 되게 하여 법규를 모멸한 자를 문책할 수 있는 기회를 주는 것이다. 그 위에 예를 들면 공중통로의 왕래를 방해하거나 또는 위험케 한 경우처럼, 민중 전체의 이익, 따라서 원고 자신의 이익이 문제로 되는 경우뿐만 아니라 또한 예를 들어 미성년자에 대한 사기, 피후견인에 대한 후견인의 배임, 폭리의 공갈처럼 자기로서는 자신을 유효하게 방위하지 못하는 사인(私人)에 대하여 행해진 불법이 문제로 되는 경우까지도 그 기회가 열려있다. 이들 각 경우와 그 밖의 경우에 대해서는 필자의 『로마법의 정신』(Geist des römischen Recht) 제3부 제1편 제3판 111면 이하를 참조하기 바란다. 그렇기 때문에 민중소송이라는 소는 자기의 이익은 아무것도 없더라도 오로지 권리를 위해서 권리를 방위한다는 이상적인 감각이 있어야 할 것을 필요로 한다. 그리고 무엇보다도 이들 소(訴) 중의 몇몇은 피고로부터 징수한 벌금을 원고로 하여금 기대케 함으로써 이욕(利慾)이라는 아주

의 현실성이 민중소송(民衆訴訟; Popularklage)이라는 제도로 아주 명확하게 규정되어 있었다. 그런데도 만일 우리들이 작금에 살아 가면서 이 이상적 감각을 거부한다면, 우리들은 현대를 지나치게 질타하는 셈이다. 전단에 의하여 권리가 압제되는 것을 보고 분격을, 도덕적 분노를 느끼는 사람은 누구나 이 감각을 가지고 있는 것이다. 생각건대 자기가 받은 권리침해가 일으키는 감정에는 이기적인 동기가 섞여 있기 마련이고, 그 도덕적 분노는 그 근거를 오로지 인간의 마음을 지배하는 법이념의 도덕적인 힘 속에 두고 있기 때문이다. 다시 말하여 그것은 권리의 모독에 대하여 가장 굳센 도덕적 성질의 항의이며, 법감정이 그 자체로 자아낼 수 있는 가장 아름답고 가장 감명 깊은 증거이기 때문이다. 심리학자의 관찰을 위해서도, 시인의 멋진 구상력을 위해서도 이러한 국면은 똑같이 매력 있고 또한 유익한 도덕적 과정인 것이다. 필자가 아는 한에서는 이와 같이 급격하게, 그리고 싱그러운 변화를 인간의 마음속에 일으키는 격정(激情)은 이것 이외에는 없다. 생각해 보면 그도 그럴 것이 가장 온후하고 가장 화해적인 사람들이라 하더라도 이 일이 없었더라면 전혀 경험조차 할 수 없는 열정적인 상태를 이 일과 함께 겪어보게 된다는 것은 잘 알려져 있기 때문이다. 이것은 그들 자신 중에 간직하고 있는 가장 고귀한 것, 그 가장 깊은

---

비속한 동기에 의존하기도 한다. 그러나 바로 이러한 이유로 이들 소(訴), 좀 더 정확하게 말하면 이들 소의 영리적 측면에는 우리나라에서의 고발자 수수료취득(告發者手數料取得)을 목적으로 하는 고발에 있어서와 같은 결함이 끼어 있기도 했던 셈이다. 필자가 위에서 말한 제2범주의 소의 대부분이 이미 후기 로마법에서는 소멸하고, 그리고 다른 한편 제1 범주의 소가 우리나라의 현행 법률에서 소멸한 사실을 설명하게 되면, 독자들은 누구나 이에 대하여 어떠한 결론을 내려야 할 것인가를 알 것이다. 즉 이들 소가 목적으로 삼고 있던 공익적 정신(公益的 精神)이라는 전제의 소멸이 바로 그것이다.

곳에 있는 진수(眞髓)에 맞았다는 증거이다. 그것은 도덕의 세계에서 생기는 뇌우(雷雨)의 현상이다. 즉 그 발생이 돌연적이고 직접적이며 격렬하다는 점에 의하여, 그리고 태풍처럼 온갖 것을 그대로 휩쓸어 버리고 떠내려 버리는 도덕적인 힘의 지배에 의하여, 그 형식은 존귀하고 숭고하면서도 그 충동과 그 효과에 의하여 동시에 유화적이고 장엄하기까지 하다. 이것은 세계와 권리주체 쌍방을 위한 도덕적 환기법(道德的 換氣法)이기도 하다. 그러나 이와 달리 권리주체의 유한적인 힘이 전단(專斷)에서는 수긍되지만 권리에 즉응해서는 지지를 받지 못하는 제도에 부딪쳐 흩어지고 말게 되는 때에는, 폭풍우는 거꾸로 이를 일으킨 사람 자신을 겨누어 역습하며, 그렇게 하고 나서 그를 기다리는 것은 후술하는 바와 같이 침해된 법감정에서 유래하는 범죄자의 운명이든가, 아니면 힘이 모자라서 받은 불법이 그의 마음에 남겨 두고 간 바늘에 의해서 정신적으로 출혈을 일으켜 법에 대한 신뢰를 상실한다는, 전자의 운명에 못지않게 비극적인 운명이든가 둘 중의 하나일 수밖에 없다.

이렇다 보니 법의 이념에 대한 모독과 모욕을 자기 일신의 침해보다도 더욱 절실하게 느끼고 자기의 이익은 별로 없는데도 불구하고 억압된 권리를 위하여 마치 그것이 자기 자신의 권리이기나 한 것처럼 힘을 다하는 사람의 이 이상적인 법감각(法感覺)쯤 되면, 이 이상주의(理想主義)야말로 참으로 고매한 품성을 지닌 인사의 특권이 아닌가 싶다. 그러나 또한 불법 속에 틀어박혀 자기 자신밖에 감지하지 못하는, 대개는 이상주의적인 취향조차 없는 냉정한 법감정의 소지자도 역시 필자가 앞에서 증명한 구체적 권리와 법규의 관계에 관해서는 상당한 이해를 하고 있는 것이 사실이다. 이 관계에 관하여는 필자가 앞에서 개인의 권리는 법 그 자체이고, 전자와 함께 후자도 침해되고 또한 주장된다는 명제 속에서 요약한 바 그대로다. 그런데 이러한 사고방식이 법률가에게는 도리어 잘 알려져 있지 않다는 사실은 역설적으로 들릴지 모르지만 그대로 사실이다. 법률가의 관념에 따르면, 구체적 권리를 둘러싼 분쟁에서 법규는 조금도 영향을 받지 않는다. 어쨌든 분쟁의 초점이 되는 것은 추상적 법규가 아니라, 구체적 권리의 양태로 탈바꿈한 법규, 말하자면 법규의 사진(寫眞)과 같은 것이며, 그러므로 법규의 모습이 찍혀 있는 사진을 뒤집어쓰고 아무리 다퉈본다 하더라도 법규의 본체가 직접 해를 입게 되지 않게 됨은 더 말할 나위도 없다. 필자는 이 견해의 기술적 · 법학적 필요성을 승인하기는 하지만, 그렇다고 하여 법규(法規)를 구체적 권리(具體的 權利)와 동열에 두고, 후자를 위태롭게 하는 것을 그대로 법규까지 위태롭게 하는 것이라고 보는 반대의 견해의 정확성을 부인까지 할 생각은 없다. 편견이 없는 법감정으로서는 나중의 견해가 앞의 견해보다 훨씬 친근감을 주는 것이다. 이에 대한 가장 좋은 증거를 보여주는 것은 독일어와 라틴어 중에 보존되어 있는 이에 대한 특색 있는 표현이라는 점이다. 소송에 즉응하여 독일인은 원고에 의하여 "법률이 불려 나오게 된다"(Gesetz angerufen)고 말하고, 로마인은 소송을 「법의 실행」(legis actio)이라고 지칭한다.[5] 결국 여기에서는 법규 그 자체가 문제로 되는 것이며, 개개의 경우에 재결되어야 하는 것은 법규를 둘러싼 분쟁인 것이다. 이것은 특히 법률소송(法律訴訟; Legisactionen)이라는 고대 로마의 소송을 이해할 수 있게 해주는 매우 중요한 파악지침이다.[6] 따라서 이 견해에 비추어 보면 권

---

5 [역자 주] legis actio는 세 줄 아래에 있는 Legisactionen(법률소송)과 같은 뜻의 용어이다.

6 자세한 것은 필자의 『로마법의 정신』(Geist des römischen Recht), II, §47

리를 위한 투쟁은 동시에 법규를 위한 투쟁이며, 결국 분쟁에서 문제인 것은 비단 권리주체의 이익, 법규가 그 자체에 스며 녹아 있는 관계, 법규의 규제 역량이 그대로 접착되어 법규 자체에 저촉됨이 없이 파괴·훼손시킬 수 있는, 필자가 말하는 이른바 사진(寫眞)이 문제될 뿐만 아니라 법규(法規) 그 자체도 멸시당하고 유린당하게 되는 점이다. 그러므로 법규가 만일 쓸데없는 유희나 군더더기가 되어서는 안 되는 것이라고 한다면, 스스로를 주장하지 않으면 안 된다. 그렇게 하지 않으면 피해자의 권리와 함께 붕괴하게 되는 것은 법규 그 자체일 수밖에 없다.

필자가 간결하게 법규와 구체적 권리의 일치라고 지칭하는 이와 같은 고찰방법이 양자의 관계를 가장 깊은 근저에서 파악하고 재현하는 것임은 앞에서 상론한 바와 같다. 그럼에도 불구하고 이 고찰방법은 어떠한 고상한 견해도 받아들일 수 없는 노골적인 이기주의(利己主義)로는 이해할 수 없을 만큼 그렇게 심원한 것은 아니다. 오히려 이 이기주의야말로 어쩌면 그러한 고찰방법을 가장 확실하게 이해할 수 있는 것일지도 모른다. 왜냐하면 국가를 자기의 분쟁을 위한 맹우(盟友)로서 끌어들이는 것은 그 이익에 합치되기 때문이다. 그리고 이렇게 함으로써 이기주의도 부지불식 중에 자기 자신과 자기의 권리를 뛰어넘어 권리자가 법규의 대표자가 되는 더 높은 정점에까지 끌어올려지게 된다. 설사 권리주체가 권리를 자기 자신의 이익이라는 좁은 시각만으로 인식하고, 또 방위한다 할지라도 진리는 언제나 그대로 진리인 것이다. 안토니오(Antonio)의 신체에서 1파운드의 고기 덩어리를 떼어내기 위하여

---

c 참조.

샤일록(Shylock)으로 하여금 법정에 서게 한 것은 증오와 복수심이다. 그러나 시인[셰익스피어〈Shakespeare〉]이 그를 통하여 한 말은 그의 입으로 하든 다른 어느 사람의 입에서 흘러나오게 하든지 똑같이 진리이다. 그것을 침해당한 법감정이 어느 시대나 어느 곳에서든지 되뇌일 수 있는 말이고, 권리는 어디까지나 권리이지 않으면 안 된다는 확신의 힘, 부동적인 것이다. 자기가 대변하는 사건에서는 자기의 인격뿐만 아니라 법규도 문제되어 있음을 스스로 알고 있는 사람의 정신적 고양과 장중함이다. 1파운드의 살덩어리, 셰익스피어는 그로 하여금 다음과 같이 말하게 한다:

"제가 이 사람에게 요구하는 1파운드의 살덩어리,
거금을 들여 산 그것은 내 것. 그것을 저는 건네받겠다는 것이
요;
내 요구를 거절한다면, 참으로 당신의 계책이 괘씸하군;
베니스의 법령이란 게 그 효력이 문제로군.[7]
… 저는 그 집행을 갈구합니다.
… 여기 이렇게 내 증서가 있지 않습니까"

"저는 그 집행을 갈구합니다"(Ich fordere das Gesetz). 시인은 이 네 단어만으로 어느 법철학자(法哲學者)라 할지라도 이보다 더 적절하게 표현할 수 없을 만큼 주관적 의미(主觀的 意味)에서의 법과 객관적 의미(客觀的 意味)의 법의 참된 관계, 권리에 대한 투쟁의 의의를 생생하게 그려내고 있다. 이 몇 구절의 말을 한 순간부터 사건은 일전하여 샤일록 개인의 권리주장으로부터 베니스의 법

---

7 [역자 주] 셰익스피어, 『베니스의 상인』, 中野好夫 譯, 岩波文庫, 1971, 131면.

률에 관한 문제로 바뀌게 된 것이다. 샤일록이 이 몇 마디 말을 하였을 때, 그의 자태가 그 얼마나 위풍당당했었던지! 그 모습은 더 이상 자기의 것이어야 할 1파운드의 살덩어리를 요구하는 한 사람 유대인이 아니고, 법정(法廷)의 문을 두드리는 것은 베니스의 법규 그 자체였던 것이다. 왜냐하면 그의 권리와 베니스의 법률은 일치하는 것이며, 그의 권리와 함께 베니스의 법률 자체가 붕괴하게 될지도 모르기 때문이다. 그리하여 그 자신이 비열한 기지에 의하여 그의 권리를 수포로 돌아가게 한 판결의 중압 아래 그대로 굴종한 채,[8] 그리고 짓궂은 조소를 받으며 의기소침하여 머리를 떨어뜨리

8 샤일록이 우리에게 일깨워 주는 높은 비극적 관심은, 필자가 보는 바에 의하면, 바로 이 점에 있다. 그는 사실상 자기의 권리를 사취당한 것이다. 법률가는 적어도 이 사건을 그렇게 보아야 할 것이다. 시인으로서 그 사람 나름대로의 법리를 만들어 낸다 하더라도 어쩔 수 없는 일이므로, 우리로서 셰익스피어가 이 경우에 이러한 작품을 썼다고 하여, 좀 더 정확히 말하면, 옛날 얘기를 그대로 사용하였다 하더라도 그것을 유감으로 생각하려는 것은 아니다. 그렇지만 만일 법률가가 이에 비평을 가하려 할 때에는, 다음과 같이, 즉 그 증서는 양속(良俗)에 반하는 점을 포함하고 있기 때문에 그대로 무효인 것이다. 그렇기 때문에 법관은 처음부터 이를 이유로 하여 그 증서를 각하하였어야 할 것이었다라고 말할 수밖에 없다. 그런데 법관이 그렇게 하지 않고, '현명한 다니엘'(wise Daniel)이 어쨌든 그 증서를 유효하다고 인정하게 되어, 이제 건전한 신체로부터 1파운드의 고기 덩어리를 저며 낼 권리를 가지게 된 자로 하여금, 그렇게 함에 당연히 따라붙는 피의 유출을 금압한 것은 비열한 췌언, 한심한 궤변이었다. 이것은 법관이 지역권자(地役權者)에게 통행할 권리를 인정해 주면서도 지역권을 설정할 당시에 약정되어 있지 않았다는 이유로 그에게 토지 위에 발자국을 내어서는 안 된다고 하는 것과 너무나 똑같은 것이다. 더욱이 샤일록의 이야기는 이미 아주 오랜 옛날 로마에서도 자주 풍자되었던 것이고 그대로 틀린 얘기가 아니다. 왜냐하면 12표법(Lex Ⅻ)의 기초자는 채권자가 채무자의 살코기를 썰어내는 데 관하여(in partes secare) 살덩어리의 크기에 대해서는 자유이어야 할 것을 명시적으로 주의할 필요가 있음을 인정하고 있었기 때문이다(si plusminusve secuerint, sine fraude esto!). 본문 중에 설명한 견해가 받은 공격에 관하여는 원저자의 서문을 참조하기 바란다.

고 무릎을 절며 비틀비틀 떠나는 것을 보게 된다면, 그 어느 누가 그와 함께 베니스의 법률이 굴복하였다는 생각, 그리고 맥없이 흩어진 것은 유대인 샤일록이 아니라 헛되이 법에 매달리려고 하는 중세기에 살아가던 최하위 사회계층인 유대인의 전형적인 모습이라는 생각을 금할 수 있겠는가? 샤일록의 헤어날 수 없는 운명적 비극은 법이 그의 요구를 거절하였다는 점에 있는 것이 아니라 중세의 유대인인 그가 권리에 대한 믿음을 가지고 있었음에도 불구하고,—마치 그가 기독교도이기나 한 것처럼!—어떠한 것이라 할지라도 꺾을 수 없는, 그리고 법관 자신까지도 품고 있을 법에 대한 철두철미한 믿음을 지니고 있었음에도 불구하고, 결국 막판에 이르러 마치 청천벽력 같은 파국이 그에게 밀려와 그의 망상을 떨쳐버리고 자기가 권리를 가지고·있음에도 불구하고 사취당하는 중세의 유대인, 법률의 보호 밖에 내동댕이쳐진 유대인밖에 되지 않는다는 것을 그에게 가르쳐주었다는 점에 있는 것이다.

샤일록이라는 인물은 필자로 하여금 다른 또 하나의 자태, 즉 클라이스트(Heinrich von Kleist)가 그 주인공의 이름을 같은 이름의 소설 중에서 가슴 속 깊이 사무치게 묘사한 콜하스(Michael Kohlhaas)[9]와 똑같이 시적이면서 아울러 역사적인 상황을 떠올리

---

9 [역자 주] 본명은 Hans Kohllase. 중세기의 말 동독일의 상인. 어느 때 2마리의 말을 팔러가던 도중, 작센의 기사 탸슈바이츠에게 통행증의 문제로 어려움을 당하게 되어 말을 강탈당했다. 통행증을 받아 가지고 돌아와 보니 말은 홀대받아 삐쩍 말라 있었다. 손해배상을 해 주려고도 하지 않았다. 울분에 찬 그는 고향으로 돌아와 「실력에 의한 복권(復權)」이라는 자연권을 따르기나 하듯이 무장한 가인(家人)을 데리고 기사에게 도전하여 관저나 촌락을 불지르며 마틴 루터의 중재도 듣지 않고 전 작센(Sachsen) 지방을 적으로 삼으면서까지 분전하였지만 결국 패하고 말았다. 1540년 3월 22일, 베를린에서 사지(四肢)가 찢기는 형에 처해졌다. 이 고사를 소재로

게 한다.[10] 샤일록은 의기소침하여 그 자리에서 떠나 그의 힘은 지칠대로 지쳐 아무런 저항도 하지 못한 채, 판결에 따를 수밖에 없게 되었다. 콜하스는 이와 다르다. 아주 비열한 방법에 의해서 멸시된 자기의 권리를 회복하고자 하는 갖가지 수단이 다 거덜남과 함께 무법한 관방재판(官房裁判; Cabinets justiz)이 그에게서 구제방도를 빼앗아버리는가 하면, 사직 당국이 그 최고의 대표자, 영주(領主)에 이르기까지 모두 부정의 편에 가담하게 되자, "인간으로서 발로 짓밟히느니보다는 차라리 개[犬]가 되는 편이 낫겠다"고 할 정도로, 자기에게 가해진 극악무도에 대한 비통의 감정이 그를 분개하게 만들기까지 한다. 그리하여 "이 사람에게 법률의 보호조치를 끊어 버리려고 하는 자는 이 사람을 황야의 야만인으로 몰아내어 스스로 자신을 지키기 위한 곤봉을 들게 하는 것이다"라는 그의 결심이 굳어지게 된다. 그는 부패한 사직 당국의 손으로부터 더럽혀진 칼을 빼앗아 뒤흔들어 공포심(恐怖心)과 경악심(驚愕心)을 전국에 일깨우고, 썩어빠진 국가를 밑바닥에서부터 뒤흔들 만큼 대세를 휘몰아쳐 왕좌에 있는 군주까지도 벌벌 떨게 하였다. 그러나 그를 이렇게 고무시킨 것은 억울한 사람의 하찮은 복수의 감정이 아니다. 그는 "하늘과 땅과 바다로 하여금 승냥이와 이리떼 같은 무리에 대항케 할 수 있도록 온 천지에 울려 퍼지는 모반(謀反)의 나팔을 불고 싶다"라는 침해당한 법감정(法感情) 때문에 전 인류를 적으로 삼아 전쟁을 선포하는 모어(Karl Moor)[11] 같은 강도살인의

---

한 클라이스트(1777-1811)의 단편소설은 그 구성이 절묘한 명작으로 꼽힌다(일역판 77면 참조).

10  이 소설로부터의 이하의 인용은 동 시인의 전집 티크판 1826년 제3권에 의한 것임을 밝혀 둔다.

11  [역자 주] Karl Moor: 독일의 극작가 실러(F. v. Schiller, 1759-1805)의 단편소설 『떼도둑』(Die Räuber)의 주인공. 사회정의에 불타 도적단(盜賊團)

무리가 되려고 하는 것은 아니다. 그를 채찍질하는 것은 "자기가 입은 침해에 대하여 배상을 받고, 아울러 장래의 침해에 대하여 자기의 동족에 대한 보증을 확보하기 위해서 자기의 전력을 다해야 할 의무를 세상에 지는 것이다"라고 하는 도덕적 이념이다. 이 이념을 위하여 그는 모든 것, 즉 자기 가족의 행복, 명성, 재산, 신체, 생명까지도 희생하는데, 그렇다고 그가 아무 목표 없이 파괴(破壞)의 싸움만 일삼는 것은 아니며, 주로 죄과(罪科) 있는 자와 그에 부화뇌동하는 사람들을 대상으로 싸움의 예봉을 겨눈다. 그렇게 하고 나서 자기의 권리를 회복할 가능성이 보이게 되면 그는 자진하여 무기를 버린다. 그러나 마치 당시의 무법(無法)과 파렴치(破廉恥)로 어느 정도까지 치욕을 없앨 수 있는지를 보여주는 실례로 이 사람을 뽑기나 한 것처럼, 사람들은 그에 대하여 자유호송(自由護送)과 은사(恩赦)의 약속을 지키지 않았으며, 그런 가운데 그는 형장(刑場)의 이슬로 사라지고 말았다. 그러나 이렇게까지 되기 전에 정의는 성취되었다고 할 수 있다. 그도 그럴 것이 그가 헛되이 싸운 것이 아니고, 그는 법의 명예를 회복시켰으며, 또한 인간으로서의 존엄을 주장한 것이라고 하는 생각은 그의 마음으로 하여금 태연히 죽음의 공포를 뛰어넘을 수 있게 하였다. 자기 자신과 천지(天地) 및 신(神)이 화합을 이루고 그는 조용히 형리(刑吏)의 뒤를 따라간 것이다. 이 법률희곡(法律戱曲)에는 어떠한 성찰이 결부되어 있는 것일까! 정직하고 친절하며, 자기 가족에 대한 애정이 남다르고 어린애 같이 신심 깊은 마음을 가진 사람이 불과 칼로 상대방이 도망쳐 들어간 곳을 괴멸시킨 아틸라(Attila) 왕[12]이 되는 것이

---

을 조직하여 인습적으로 도발을 감행하던 카를(Karl)은 복수에는 성공을 거두지만, 끝내는 잘못을 깨우쳐 자수하게 된다.

12 [역자 주] Attila(406-453): 훈족의 왕. 동유럽에서부터 서쪽으로 정벌을 해

다. 그렇다면 그는 어떻게 하여 이렇게 되는 것일까? 결국 그 이상으로 더 쾌재를 불렀던 어느 누구보다도 도덕적으로 훨씬 높이 자리 잡게 하는 성질, 즉 법에 대한 그의 높은 존경, 법의 신성성(神聖性)에 대한 그의 신념, 거짓 없는 건전한 법감정의 실행력, 바로 그러한 것들에 의한 것이다. 그리고 애절한 슬픔을 금할 수 없는 그의 운명적 비극은 바로 그의 품성의 장점과 고귀함을 이루는 점, 즉 그의 법감정(法感情)의 이상주의적 고취, 다시 말해 모든 것을 잊고 전심전력으로 희생하는 그의 영웅적인 법의 이념에의 헌신이 당시의 한심스런 세풍(世風), 권문귀족(權門貴族)의 방종과 법관의 의무망각 혹은 나약함에 저촉되어 결국에는 그의 파멸이라는 결과를 몰고 왔음에 있다. 그가 범한 갖가지 행태(行態)는 이중삼중의 중압으로 되어, 권력의 힘을 빌어 그를 바른 법도(法道)에서 무법의 사도(邪道)로 몰아낸 군주와 그 관리나 법관 위를 그대로 짓누르게 된다. 왜냐하면 인간이 참지 않으면 안 되는 일체의 불법은 그것이 아무리 중하더라도―적어도 공평무사한 도덕적 감정으로는―신에 의하여 점지한 관헌(官憲) 스스로가 법을 깨뜨림으로 말미암아 범하는 불법에는 도저히 미치지 못하기 때문이다. 독일어에 적절하게 표명되어 있는 사법살인(司法殺人; Justizmord)은 법률상 백번 죽어도 싼 올찬 대죄(大罪)이다. 법규의 수호자(守護者)는 자칫 변하게 되면 살해자가 된다. 그것은 병자에게 독약을 먹이는 의사이며, 피후견인(被後見人)의 숨통을 누르는 후견인(後見人)과 같다. 고대 로마에서는 수뢰한 법관은 사형에 처하게 되어 있었다. 법을 범한 사법당국자에게는 침해된 법감정에서 생겨난 범죄자의 암울한 노기(怒氣)가 서려 있는 험상자태보다 더 무서운 탄핵자(彈

---

서 서유럽의 절반 이상을 정리하였다. 독일 옛날 영웅시 니벨룽겐의 노래 (Nibelungenlied). 스칸디나비아의 옛날 산문시 사가(Saga)에도 나온다.

効者)는 있을 수 없다. 그것은 사법당국자 자신의 피투성이가 되어 있는 그림자인 것이다. 매수되거나 당파적인 사법의 희생자는 어쩔 수 없이 법의 정도에서 쫓겨나서 자기 스스로 그 권리의 복수자(復讐者)나 집행자가 되거나, 아니면 이러한 낯간지러운 명분을 뒤로 하고 사회의 불구대천(不俱戴天)의 적, 강도 살인의 무리로 되는 경우도 적지 않다. 그러나 콜하스(Michael Kohlhass)와 같이 그 고귀한 도덕적 품성에 의하여 이 사도(邪道)에 빠져들지 않았던 사람도 범죄자가 되고 그 범죄자답게 형벌을 받음으로써 자기 법감정의 순교자(殉敎者)가 되기도 한다. 순교자의 피는 결코 헛되이는 흘러나오지 않는다고 하는데 그것이 여기 이 사람의 경우에 진실인 것으로 실증되었는지도 모를 일이다. 그도 그럴 것이 그의 경고적인 영향은 그 후 아주 오랫동안 그가 받은 것과 같은 권리의 압제를 하지 못하게 하는 힘을 뒷받침해 주었기 때문이다.

필자가 이와 같은 영상(影像)을 다시 그려 실은 것은 법률제도의 불완전성이 굳건하고 이상적인 법감정을 충족시키지 못할 경우에 각 사정 아래에서 그 법감정에 맞추어 어떠한 잘못된 법도가 생겨날 수 있는지를 감동적인 예로서 보여주기 위함이었다.[13] 이러

---

13 프란초스(Karl Emil Franzos)는 필자의 저서에서 기연(機緣)을 따내 쓴 그의 소설 『권리를 위한 투쟁』(Ein Kampf ums Recht, Breslaw, 1882) 중에서 그의 선배 클라이스트와는 아주 다른 독자적이고 새로운, 그리고 매우 감동적인 필법으로 이 주제를 다루고 있다. 미하엘 콜하스는 그 자신의 권리가 비열한 멸시를 받게 되는 데 격분하여 싸움을 하게 되는데, 이 소설의 주인공은 자기가 그 장로로 되어 있는 소속 자치단체의 권리가 멸시받음을 원인으로 해서 싸우게 된다. 그는 대단히 큰 희생을 치르고 온갖 합법적 수단을 다 써가며 그 권리를 승인받으려고 하였으나 결국 헛수고로 끝나버리고 말았다. 이렇게 되기는 하였지만 권리를 위한 이 투쟁의 동기는 미하엘 콜하스의 경우보다도 한층 높은 수준에 있었던 것이다. 그것은 자

한 경우에는 법규를 위한 투쟁은 법규에 대한 투쟁으로 된다. 법감정은 원래 이를 보호해 주어야 할 권력으로부터 탈각되어 스스로 법규의 기초를 잃어버린 채, 자력구제(自力救濟)에 의하여 무지(無知), 악의(惡意), 무력(無力) 때문에 자기가 차지하지 못한 그것을 얻으려고 한다. 그리고 국민적 감정이 이러한 법률상태에 대하여 그 탄핵과 항의를 제기하는 것이 특별히 억지스럽고 격렬한 성질을 가진 개개의 인사에 한하는 것이 아니고, 이 탄핵과 항의가 어느 특성을 띤 양상으로 전개되는 때에는 전 국민 사이에서도 반복될 수 있는 것이다. 우리는 이러한 현상의 사명 또는 국민이나 일정한 계급층이 그것을 고찰하고 적용하는 태도 여하에 따라서, 이것을 국가 제도의 민중 차원의 대용물(代用物)이나 보완물(補完物)이라고도 칭할 수 있을 것이다. 이에 속하는 것으로 중세에 있어서는 비밀재판(秘密裁判; Vehmgericht)[14]과 사투법(私鬪法; Fehderecht)

---

기 자신을 위해서는 조금도 원하는 것이 없고, 모든 것을 오로지 타인을 위해서만 소원하는 법이상주의(法理想主義)이다. 필자의 이 저서의 목적상 당해 저서가 적절한 묘책으로 이 문제를 해결하였는지는 적절히 설명할 필요는 없다. 그렇다 하더라도 필자는 본문 중에 전과 같이 취급한 주제에 흥미를 가지고 있는 독자들에 대하여 이 제목의 시적 취급에 절실한 마음으로 주의를 기울여 줄 것을 권하지 않을 수 없다. 그것은 클라이스트의 미하엘 콜하스의 품위 있는 일면, 박진과 감격적인 힘을 다 깃들인 심리묘사이며, 누구나 깊은 감동을 받지 않고는 이 책을 덮을 수 없게 되는 소이연이기도 하다.

14 [역자 주] 페메재판: 페메(Feme)는 형벌이라는 뜻. Feme, Feme-gericht라고도 쓴다. 중세의 비밀형사재판(제도). 14세기에서부터 15세기 초에 걸쳐 융성하기 시작하여 당시 이미 기능을 발휘하지 못하게 되어 있던 제국의 사법조직(司法組織)과 아직 미완성이었던 란트의 사법기구(司法機構) 간의 여백을 메꿔주는 역할을 했던 베스트팔렌의 그라투법원. 이 법원의 특색은 자유심판인(自由審判人)이라고 하는 배석자들이 확고한 단체를 형성하고 있다는 점이다. 이 단체에는 선서에 의하여 가입하게 되는데, 그 선서는 비밀유지의 의무와 속죄로 종결되지 않은 범죄에 대하여 탄핵케

이 있으며, 이러한 것들은 당시의 형사법원의 무력이나 당파성과 국가권력의 권력상실상태의 중요한 증명이 되는 것이다. 현대에 들어서서 이에 속하는 것은 결투제도(決鬪制度)인데, 이것은 명예훼손(名譽毁損)에 대하여 국가가 과하는 형벌(刑罰)이 사회의 어느 일정 계급의 민감한 명예감정을 만족시키지 못하고 있다는 사실상의 증거이다. 이 밖에 이에 속하는 것은 코르시카인(Corsicaner)의 혈수(血讐)와 북아메리카(Nordamerika)에 있어서의 민중재판(民衆裁判), 즉 린치법(Lynchgesetz)이 있다. 이러한 것들은 모두 국가제도가 국민 또는 그 일부의 법감정과 합치되지 못함을 증명해 주는 것이며, 어찌 되었거나 그러한 것들은 국가에 대한 비난을, 즉 국가가 그러한 것을 필요로 하는 것이 아니냐는 비난이든가, 그렇지 않으면 국가가 그러한 것을 감수하고 있다는 비난이든가 어느 한 가지 비난을 뜻하는 것이기 마련이다. 개인을 위해서는 국가가 법규상으로 그러한 것들을 금지하고 있으나, 사실상 억제하지 못하는 때에는, 그것이 분쟁의 중요한 원인이 될 수도 있다. 국가명령을 따르는 뜻에서 혈수를 억제하는 코르시카인은 동족 사이에서 빈축을 받게 되며, 동족 차원의 법률관(法律觀)의 압박에 못 이겨 혈수를 하게 되는 코르시카인은 재판에 의한 처벌의 대상이 될 수밖에 없다. 작금 우리나라의 결투(決鬪; Duell)에서도 마찬가지이다. 결

---

하는 의무를 단체성원에게 부과시키고 있다. 이 단체의 전성기에는 황제를 비롯하여 고위관리도 가입하였는가 하면 여러 도시도 참사회원(參事會員)을 파견하기도 하였다. 그러나 다른 일면 자유심판인(自由審判人) 자신은 단독 선서에 의하여 자기의 결백을 증명할 수가 있었기 때문에 암암리에 상당한 무뢰한(無賴漢)들이 경쟁적으로 가입하기도 했다고 한다. 후에 란트의 재판권이 충분히 강화되고 나서는 이 법원은 더 이상 존치되어야 할 이유를 잃고 비합법화되기까지 하였지만, 정식으로는 한 번도 폐지된 적이 없고 19세기 들어서까지도 그 명맥을 유지했던 것으로 되어 있다.

투를 명예가 걸려 있는 의무로 해야 하는 처지에 있으면서 결투하기를 거절하는 자는 자기의 명예를 손상케 되고, 결투를 하는 자는 처벌을 받게 된다. 당사자를 위해서나 법관을 위해서나 똑같이 괴로운 입장이 아닐 수 없다. 고대 로마에서 이와 유사한 현상을 찾아보려고 하는 것은 모두 헛수고일 따름이다. 왜냐하면 고대 로마에서는 국가의 여러 제도와 국민적 감정이 완전히 조화를 이루고 있었기 때문이다.

# 제5장

# 권리를 위한 투쟁의
# 생활상의 중요성

필자는 이상으로 자기의 권리를 위한 개인의 투쟁에 관한 고찰을 마치기로 한다. 우리는 동기(動機)의 각 단계에 맞추어 그 투쟁을 하나하나 뒤밟아 왔다. 그 동기는 권리를 위한 투쟁을 순전히 이해타산이라는 최저의 단계로부터 시작하여, 인격과 그 윤리적인 생존조건의 주장이라고 하는 다소 이상적인 분기점을 거쳐서, 마지막으로 정의(正義)의 이념의 실현이라는 미답고지에 도달하게까지 되었다. 이것이 최고의 정점이며, 여기서 한 발자국만 잘못 내디디면 침해된 법감정(法感情)의 범죄자는 순식간에 무법의 깊은 못 속으로 떨어지고 만다.

그렇지만 이 투쟁의 이익은 결코 사법 또는 사적 생활에만 국한되어 있는 것은 아니고, 그것은 모르긴 몰라도 이러한 단계를 뛰어넘어 훨씬 높은 곳까지 미치게 되어 있다. 국민이라는 것은 결국 모든 개인들의 총계(總計)에 지나지 않으며, 각 개인이 느끼고 생각하고 행동하는 것과 마찬가지로 국민도 느끼고 생각하며 행동한다. 만일 개인의 법감정이 사법상의 관계에서 무기력하고 나약하며 무감각하다고 하거나, 아니면 이 법감정이 부정한 법규나 좋지 않은 제도가 야기하는 장애 때문에 자유롭고 굳세게 발전할 여지를 찾아내지 못한다거나, 그리고 이 법감정이 지지와 성원을 기대할 만한 그런 곳에서 도리어 박해를 당하고, 그렇게 되지 않으려고 불법을 참고 견뎌야 한다거나, 백 보를 양보해 최소한 그렇게 되어서는 안 된다고 여겨지는 방식으로 관례화된다고 하면, 그 어느 누가 그렇게 노예적이고 위축된 무감각한 법감정을 지니고 살아가면서, 개인이 아닌 민족 전체에 관한 권리침해, 예를 들어, 그 정치적 자유에 대한 위해(危害), 그 헌법의 파괴 또는 전복, 외적의 공격이 문제로 되었을 때, 평소에 참고 지내온 어려움은 접어둔 채 그대로 생생한 감정과 열정적인 활동으로 분기하리라고 믿을 수 있겠는가? 자기의 권리를 다잡아 방위하려고 하지 않는 사람이 어떻게 전체의 권리를 위하여 기꺼이 자기의 생명과 재산을 내놓는 일이 어찌 그렇게 쉽게 있을 수 있겠는가? 안일과 나약함 때문에 자기의 정당한 권리를 내던져 버리고 자기의 명예와 인격에 받은 관념적 손해 같은 것은 아예 따지지도 않는 사람이거나 법에 관한 사항에 대해서는 다만 물질적 이익이라는 척도로밖에 사용해 오지 않은 사람, 이러한 사람들에게 돌연 국민의 권리와 명예가 문제로 되었을 때 종래와는 다른 척도를 사용하고, 다른 감정을 가져야 한다는 것을 기대할 수 있을까? 이 경우 지금까지 억제되어 숨겨져 있던 이상주의적 심정이 갑자기 어디서 솟구쳐 나타날 수 있을까? 아니다! 국법(國法; Staatsrecht)이나 국제법(國際法; Völkerrecht)을 위하여 싸울 수 있는 투사는 사법(私法)을 위하여도 싸울 수 있는 투사임에 틀림없다. 그 사람이 후자의 관계에서 취득한 아주 똑같은 성질이 또한 그로 하여금 시민적 자유를 위한 투쟁이나 외적에 대한 투쟁에 나가도록 최촉하는 것이다. 사법에 뿌려진 씨가 국법과 국제법에 걸쳐서 그 열매를 맺는 것이다. 사법이라는 하찮은 생활현장, 아니면 보잘것없는 갖가지 인생역정 속에서, 한두 갈피 그 힘이 샘솟고 모아져, 국가가 후일 그 목적을 위하여 대규모의 역사(役事)를 펼침에 필요로 하는 그 도덕적 자본이 축적되게끔 짜여 있는 것이다. 민족의 정치적 교육을 해낼 수 있는 진정한 학교의 울타리는 국법(國法)이 아니라 사법(私法)이다. 그러므로 어느 민족이 일단 변고가 발생하는 경우, 어떻게 정치적 권리와 그 국제법상의 지위를 방위해 나가려고 하는가를 알아보려고 하면, 그 개개 성원이 사적 생활에 있어서 그 일신상의 권리를 어떻게 주장하는지를 눈여겨볼 필요가 있다. 필자는 앞에서 투쟁을 꺼려하지 않는 영국인의 예, 즉 영국인이 집요하게 다투는 굴덴(Gulden) 속에 영국의 정치적 발전이 들어 있다고 했었는데 여기서는 그때 한 말을 그대로 반복해도 좋을 성싶다. 각자가 보잘 것 없는 사소한 일에서도 거리낌 없이 자기의 권리를 주장해대는 것이 일반적인 관습으로 되어 있는 그러한 민족한테서는 어느 누구도 감히 그 최고의 소유물을 빼앗으려고 하지 않을 것이다. 그러므로 안으로는 최고의 정치적 발전을, 대외적으로는 세력신장을 보여준 바로 그 고대의 국민, 즉 로마 국민이 동시에 가장 집성된 사법을 가지고 있었다는 것은 결코 우연한 일이 아니다. 역설적으로 들릴지도 모르겠지만 법(法)은 이상주의적이다. 환상(幻像)의 이상주의가 아니라 절조(節操) 있는 이상주의, 바꿔 말하면 자기를 자기 목적이라고 느끼고, 자기의 이 내면적 성역이 침해되었을 때에는 다른 모든 것을 하찮은 것으로 그만둬 버리는 정도 되는 사람의 이상주의이다. 그의 권리에 대한 이러한 공격은 어느 사람으로부터 나온 것인가? 즉 어느 개인으로부터인가? 자국의 정부로부터인가? 어느 다른 민족으로부터인가? 그러한 것이 이 사람과 무슨 상관이 있는 것인가? 그가 이 공격에 대하여 되받아치려는 저항을 결정짓게 하는 것은 공격자가 누구인지가 아니라 그의 법감정의 에네르기, 도덕적인 힘이고, 그는 언제나 이것에 의하여 자기 자신을 주장하곤 한다. 이렇다 보니 내외에 대한 한 민족의 정치적 지위는 늘 그 도덕적인 힘에 상응한다는 명제는 영원한 진리이다. ─성인이 된 아동에게까지 매질을 하기 위한 참대, 즉 징계를 가하기 위해 때리는 회초리를 가지고 있는 중국(中國)은 수억의 인구를 거느리고 있음에도 불구하고, 소국인 스위스가 다른 여러 국민에 대하여 지니는 국제법상 존경받는 지위를 결코 차지하지는 못할 것이다.[1] 이미 알고 있는 바와 같이 스위스인의 소질(素質)은 예술이나 문학의 의미에서 그다지 이상적이지는 못하지만 로마인의 소질과 마찬가지로 분별

---

1 [역자 주] 어느 사회에서나 자녀나 연소자의 훈육(訓育)과 관련해서는 특색이 있을 수밖에 없는데, 이 책에서 언급한 대나무회초리에 관해서 조금 부언하고자 한다. 중국이나 우리나라에서의 회초리는 때리기 위한 도구를 상비하고 있는 것이 아니냐 하는 점에서 얼굴을 찌푸리는 경우가 있고 심지어 그 야만성까지 들먹이는 예도 있다. 그야말로 변명키 구차스러운 얘기지만 그 회초리는 대나무이거나 싸리나무이거나 훈계(訓戒)를 위한 방편으로서의 표징물이다. 집안에서 어른이 매를 들었을 때는 꾸짖을 만한 일이 있어서이고 그렇다고 번번이 때리는 것도 아니다. 어린애의 동정을 감지하여 슬그머니 뒤로 물리는 경우는 얼마든지 있다. 그에 비해 서양에서 잘못을 저지른 어린애를 그 자리에서 표독하게 야단치는 꼴은 보기에도 안쓰럽고 민망스럽지 않은가? 그리고 로마시대에서의 가장권(家長權; patria potestas)은 사람과 물건을 배타적으로 지배하는 것으로 가족의 인격까지도 흡수하게 되어 있었음을 잘 아는 사실이다. 후대로 내려오면서 가장권의 분화와 함께 크게 약화되기는 하였지만 제도로서의 가장의 가족에 대한 생살의 권은 콘스탄티누스 제(Constantinus)의 시대에까지 남아 있었던 것으로 되어 있다. 동양권에서 이렇게 되어 있었던 예는 그렇게 많지 않다. 불교의 납자(衲子)들이 자기의 길을 더듬는 선원에서의 죽비(竹扉) 소리는 결코 매질의 세 울림이 아님을 생각해 봄 직하다.

력이 있고 실제적이다. 그러나 필자가 지금까지 법에 관하여 이상
주의적이라고 표현해 온 그러한 의미에서는 그 말이 영국인에게
적합한 말인 것과 마찬가지로 스위스인에게도 적합한 말이다.

건전한 법감정(法感情)의 이러한 이상주의가 만일 오로지 그
자신의 권리만을 방위하는데 국한되고 그 밖에 법과 질서의 유지
에 전혀 관계되지 않는다면, 이 원칙은 그 스스로의 기반을 매몰하
는 꼴이 될 것이다. 이 원칙은 자기의 권리에서 법 그 자체를 방위
한다는 것을 알고 있을 뿐만 아니라, 또한 법 그 자체에서 자기의
권리까지도 방위하게 된다는 것도 알고 있다. 엄격한 합법성(合法
性)에 대한 이러한 분별, 올곧은 감각이 일반인에게 잘 보급되어
있는 국가에서는, 다른 곳에서는 너무나도 흔히 볼 수 있는 자못
한심한 현상, 즉 관청이 범죄자나 법규의 위반자를 소추하거나 구
류하려고 할 때, 민중이 범죄자나 위반자를 옹호한다는, 다시 말해
국가권력을 민중의 원적(怨敵)으로 몰아붙이는 현상은 찾아보려
해도 찾아볼 수 없다. 이러한 국가에서는 법에 관한 사항은 그대로
자기 자신들의 관심사이기도 함을 각자가 잘 알고 있다.―여기에
서 범죄자를 동정하는 것은 오로지 범죄자 자신뿐이며 고지식한
사람은 결코 그렇지 않다. 도리어 이러한 사람들은 기꺼이 경찰과
관헌에 조력하기까지 한다.

이상에서 서술한 바의 결론을 낱낱이 늘어놓을 필요까지는 없
을 것 같다. 그것은 간단한 명제(命題)로 귀결된다. 즉 대외적으로
는 위신을 세워 지키고, 대내적으로는 확고부동한 국가를 위하여
육성하고 장려해 나갈 필요가 있는 것으로 국민적 법감정보다 더
귀중한 재산은 없다는 것이다. 이것은 정치교육의 최고이자 가장

중요한 임무 중의 하나이다. 각 개인의 건전하고 굳센 법감정 속에 국가는 그 자신의 힘의 가장 풍부한 원천, 내외에 대한 그 존립의 가장 확실한 보증(保證; Satz)을 확보하고 있는 것이다. 법감정은 국가를 수목으로 치면 그 수목 전체의 뿌리이다. 따라서 뿌리가 맥을 추지 못하게 되거나 암석이나 불모의 모래 굴지에서 말라비틀어지게 되면, 다른 부분은 모두 헛것이 되고 만다. ─폭풍이 스쳐 지나가면 수목 전체가 뿌리째 뽑혀 쓰러지고 만다. 한편 뿌리는 흙 속에 묻혀 있어 눈에 잘 띄지 않는 데 비하여 줄기와 잎사귀는 사람들의 눈에 잘 띈다는 이점(利點)을 가지고 있다. 부당한 법규와 잘못된 법제도가 국민의 도덕적인 힘에 끼치는 파괴적 영향은 많은 정치적 모리배들이 거들떠볼 필요도 없다고 치는 저 지하의 영역에서나 감지할 수 있을 뿐이다. 이렇다 보니 그들이 문제 삼는 것은 눈에 잘 띄는 잎사귀뿐이며 뿌리로부터 잎사귀로 올라가는 독기(毒氣)에 관하여는 아무것도 모른다. 그러나 전제주의(專制主義)는 수목을 쓰러뜨리기 위해서는 어디서부터 손을 써야 하는지를 잘 알고 있다. 그리하여 짐짓 잎사귀에는 손을 대지 않고 뿌리를 파괴하는 것이다. 전제주의는 어디에서나 우선 사권(私權)의 침해와 개인의 학대를 시작으로 비행을 저질러 왔다. 이 단계에서 일이 끝나게 되면 수목은 저절로 쓰러져 버린다. 그러므로 이러한 시기에는 만사를 제쳐 놓고 서둘러 전제주의에 대항할 필요가 있음이 긴절한데, 로마인이 왕정(王政; Königthum)과 10인의 대관정치(大官政治; Decemvirat)[2]를 종결시키기 위해서 먼저 여성의 정조와 명

---

2  [역자 주]  십인관제(十人官制; Decemvirat)는 10인의 고관으로 구성되는 고대 로마의 법전편찬위원회(法典編纂委員會)이다. 여기에서는 특히 기원전 450년에 임명되어 십이표법(十二表法)의 기초를 맡았던 10인위원회를 지칭한다. 기원전 451년, praetor(법무관이 아니라 patrici의 대표자인 정

예에 대한 가해를 꼬투리로 삼았는데, 그들은 스스로 어떠한 일이 저질러지고 있었던 것인지를 충분히 알고 있었기 때문이다. 농민의 자유로운 자기감정(自己感情)을 가혹한 부담금(負擔金)이나 부역에 의하여 파괴하고, 시민을 경찰의 후견 아래에 두는가 하면 여행허가를 여권의 발부와 결부시키고, 조세를 환락(歡樂)이나 은사(恩赦)의 대가로 삼아 할당한다.―이와 같이 민족이 간직하고 있는 온갖 옹골진 자기감정이나 일체의 도덕적인 힘을 짓밟아 버렸는데, 전제주의가 무저항의 거점탈취를 확보하기 위해서는 마키아벨리(Machiavelli)와 같은 사람이라 하더라도 이 이상의 처방을 내줄 수는 없을 것이다. 이 경우 전제주의(專制主義; Despotismus)와 전단(專斷; Willkür)이 뚫고 왕래할 수 있는 문은 당시 외부의 적에게도 개방되어 있다는 것을 확실히 고려하지 못하고 지내다가, 외적이 목전에 나타남에 이르러 나름 명철한 이들이 뒤늦게 국민의 윤리적인 힘과 법감정이야말로 외적에 대한 가장 유효한 방벽이라는 것을 인정한다고 한들 이미 때는 늦고 말 수밖에 없다. 독일이 로트링겐(Lothringen) 지방과 엘자스(Elsass) 지방을 잃은 것은 다름이 아니라 농민과 시민이 봉건적이며 전제주의적인 전단의 대상이었던 바로 그 시대였다. 그 지방의 주민과 동족이 그 자신들끼리 조차 느끼지 못하게끔 된 판에 어떻게 그들이 국가를 위해서 무엇을

---

무관)와 tribuni plebis(plebs를 지도하는 호민관)의 권력행사가 일체 정지되고, 새로이 통일법전을 기초하기 위하여 10인의 귀족에게 전 권력이 위임되었다. 이 10인의 대관련(大官連)은 10절의 표법(表法)을 기초하였고, 450년에 제2차의 십인관이 임명되어, 작업을 계속하여 일을 마쳤다. Appius Claudius의 지도를 받았던 이 제2차의 십인관에는 평민도 포함되어 있었지만, 귀족과 평민 간의 통혼을 금지하는 등 평민에게는 불이익한 두 가지의 보충적인 표법을 기초하였는가 하면, 그 전제적 경향은 평민, 귀족의 대다수가 그것을 두려워하는 편이었다.

느낄 수 있겠는가!

　그러나 때가 지난 다음에야 비로소 역사의 교훈을 알아차리게
되었다 하더라도 그것은 우리가 본래 그렇게 할 수밖에 없게 되어
있는 잘못된 생활태도(生活態度)의 책임이다. 우리가 그것을 제때
에 깨닫지 못하는 것은 아무튼 역사(歷史)의 책임은 아니다. 왜냐하
면 역사는 언제나 우리가 알아차릴 수 있을 만큼 명료하게 그러한
것들을 설명해 주기 때문이다. 민족의 힘이란 것은 그 법감정의 힘
이란 말과 동의어(同義語)이며, 국민적 법감정을 육성한다는 것은
단적으로 말해서 국가의 안위와 힘을 기르는 것 이외의 아무것도
아니다. 이 육성(育成)이란 것은 물론 학교나 수업을 통한 이론적인
보육이 아니라, 정의의 원칙을 모든 생활관계에서 실제로 관철시키
는 것을 말한다. 그렇게 함에는 법의 외부적 기구만으로는 충분치
않다. 이 외부적 기구가 보기에는 완전하게 작동하고 운영되고 있
는 결과, 최고의 질서가 지배하고 있기는 하지만, 위의 요구가 아무
렇지도 않게 무시된 채 지나치는 경우도 있을 수 있다. 농노제(農奴
制; Leibeigenschaft), 유대인의 보호관세(保護關稅; Schutzzoll), 기타
건전하고 굳센 법감정의 요구와 전혀 들어맞지 않는 과거의 많은
법규나 제도도 법률이고 질서였다. 그리고 어쩌면 이들 법규나 제
도에 의해 맨 처음 무거운 부담을 졌던 시민, 농민이나 유대인들보
다도 국가 자체가 더욱 많은 손해를 입었을 것으로 생각됨 직도 하
다. 실체법(實體法)의 안정, 명료, 확실, 법의 전 분야에서의, 다만
사법(私法)의 분야에서뿐만 아니라 경찰, 행정, 재정입법(財政立法;
Finanzgesetzgebung)이라는 법의 전 분야에서의 건전한 법감정에
들어맞지 않는 모든 규정의 폐기, 법원의 독립, 소송제도의 점진적
완성―이것이 국민의 법감정과 아울러 국가 자신의 힘을 충실하게

발달시키기 위해 갖추어야 할 묘책이다. 국민들이 부정한 것으로 또는 염증 나게 느끼는 규정이나 제도는 어떠한 것이든지 국민적 법감정 곧 국민의 자생력(自生力)의 감손, 법의 이념에 대한 죄과(罪過)이며, 그것을 가지고 국가 자체에 역습을 걸어와 국가가 이자에 이자를 붙여서까지 그것을 되찾지 않으면 안 되는 일도 흔히 있다. —경우에 따라서는 그것이 국가에 있어서 한 주(州)를 상실함에 상당하는 것도 있을 수 있다! 필자는 물론 국가가 다만 이러한 합목적성을 고려하기 위해서 이들 죄업을 피하여야 한다고 생각하지 않고, 오히려 이 이념을, 이념 그 자체를 위해서 실현하는 것이 국가의 가장 신성한 의무라고 생각한다. 그러나 이것은 아마도 학리적인 이상론(理想論)인 것이며, 실제적인 정론가(政論家)나 정치가(政治家)가 조롱 섞인 태도로 이러한 요구를 거절한다 하더라도 필자는 그것을 나쁘게 받아들일 생각은 없다. 그러나 바로 이 같은 이유로 필자는 그러한 사람에 대하여 그가 충분히 이해하고 있는 이 문제의 실제적 측면을 드러내 제시해 본 것이다. 이 실제적 측면에서는 법의 이념과 국가의 이익은 서로 상반되지 않는다. 아무리 건전한 법감정(法感情)이라 할지라도 언제까지나 악법(惡法)을 감내해 낼 수 있는 것은 아니다. 그것은 모르는 사이에 무뎌지고 위축되며 쇠락하게 된다. 왜냐하면 이미 여러 차례 말한 바와 같이 법의 본질은 행동(行動)이기 때문이다. 법감정에 대한 행동의 자유는 마치 불꽃이 타오르는 데 필요한 공기(空氣)와 같은 것이다. 법감정에 대하여 행위의 자유를 금하거나 또는 이를 방해하는 것은 (공기를 통하지 않게 하여 불을 꺼지게 하는 것처럼) 법감정의 숨통을 짓누르는 것과 같다.

# 제6장

# 근대의 로마법,
# 그 권리를 위한 투쟁

필자가 내걸었던 주제를 충분히 논파하였으므로 이제 설명을 마쳐도 그런대로 좋을 것 같다. 그러면서도 한 가지 본서의 대상과 직접 관련되는 문제로 독자들이 좀 더 주의를 기울여 주었으면 하는 점이 있다. 그것은 우리 현행법, 아니 좀 더 정확하게 말하면 현행의 로마 보통법(이에 관해서만은 자신 있게 판단을 내릴 수 있다)이 필자가 앞에서 전개한 요구에 어느 정도까지 부응할 수 있을 것인지에 관한 문제이다. 필자는 주저하지 않고 이 문제를 단호히 부정한다. 현대의 법은 건전한 법감정(法感情)의 정당한 요구와는 너무 멀리 떨어져 있다. 더구나 그 이유는 주로 그것이 곳곳에서 정곡을 제대로 겨누지 못하는가 하면, 필자가 앞에서 서술한 것처럼 건전한 법감정의 본질을 이루고 있는 것―필자가 염두에 두고 있는 것은 권리침해를 목적물에 대한 공격으로뿐만 아니라 인격 그 자체에 대한 공격으로 본다는 그 이상주의(理想主義)이다―에 거꾸로 대립하는 견해에 의하여 전반적으로 지배되어 있기 때문이라는 것이다. 우리의 보통법(普通法)은 이 이상주의를 조금도 지지하지 않는다. 명예훼손을 제외한 다른 모든 권리침해를 측정하는 데 사용하는 척도(尺度)는 단순한 물질적 가치의 많고 적음이다. 이 물질적 가치에 너무도 명백하게 드러나 있는 것은 무미건조한 판자때기 같은 물질주의일 수밖에 없다.

그렇기는 하지만 소유권의 귀속이 문제로 되는 경우, 법은 피해자에 대하여 계쟁물(係爭物)이나 그 가액(價額) 이외에 무엇을 보증할 수 있단 말인가?[1] 만일 계쟁물이나 가격을 보증하는 것만으로 다 되는 것이라면, 절도범은 절취한 것을 반환하기만 하면, 이를 방면하여도 괜찮다는 말이 될 것이다. 그러나 이 경우 당해 절도범은 절취당한 피해자에 대해서뿐만 아니라 국가의 법규(法規), 법질서(法秩序), 도덕률(道德律)을 위반한 것이라는 반론이 제기될 수 있다. 그렇다면 이미 돌려받은 소비대차금(消費貸借金)을 악의로 부인하는 채무자 또는 계약을 파기하는 매도인(賣渡人)이나 임대인(賃貸人), 본인에게 손해를 주고 자기가 이득을 취하려고 본인이 준 신용을 악용하는 수임인(受任人)도 그에 못지않은 짓을 하고 있는 것이 아니겠는가? 만일 어느 사람이 오랫동안의 투쟁 끝에 이들로부터 얻어낸 이득이 본래 그 사람의 것이어야 할 것만큼 되지 못한다고 하더라도, 그 사람이 침해당한 법감정은 그것으로 보상된다고 할 수 있는 것인가? 그러나 필자가 주저하지 않고 정당한 것이라고 인정하는 이 보상에 대한 요구를 도외시하게 되면, 이들

---

1 필자 자신도 이전에는 이 사항을 이렇게 생각해 왔다. 필자의 『로마 사법(私法)에서의 책임요소』(Schuldmoment im römischen Privatrecht, Giessen, 1867, S. 61), 『논집』(Vermischte Schriften, Leipzig, 1879, S. 229). 필자가 요즈음에 와서 이에 대하여 견해를 달리하게 된 것은 같은 제목의 주제 아래 오랫동안 연구해 온 결과의 덕택이다.

양 당사자 간에 본래 갖춰져야 하는 균형(均衡)이 이로써 얼마만큼 일그러진다고 해야 하겠는가! 소송의 불리한 결과로 양 당사자를 강제하는 위험(危險)은 일방 당사자에게는 자기의 것을 상실한다는 점에 있고, 타방 당사자에게는 부정한 방법으로 점유하고 있는 것을 반환하여야 한다는 것이다. 그리고 유리한 결과라고 하게 되면 그들이 기대할 수 있는 이익(利益)은 일방에게는 아무런 손실 없이 그냥 그뿐이라는 점에 있고, 타방에게는 상대방의 비용에 의하여 이득을 얻게 되었다는 점에 있다. 이것은 어떻게 보면 파렴치한 거짓행위를 장려하고, 배신적인 행위에 포상금(褒賞金)을 붙여 주는 꼴이 아니고 무엇인가? 이렇게 보면 필자는 지금까지 필자는 우리의 현행법을 사실 그대로 되짚어 본 것에 지나지 않는다. 우리가 이렇게밖에 할 수 없는 것에 대한 책임을 로마법에 돌릴 수 있으리라 생각한다.

필자는 이와 관련하여 로마법을 세 차례의 발전단계로 나눠 보려고 한다. 즉 제1단계는 지나치게 격렬하여 아무래도 자제(自制)에까지는 이르지 못하였던 고대법(古代法)에서의 법감정의 단계이고, 제2단계는 중기법(中期法)에서 법감정의 절도 있는 힘을 지닌 단계이고, 제3단계는 후기 제정시대로, 특히 유스티니아누스법(Justinianeisches Recht)에서의 법감정의 쇠미(衰微)와 위축(萎縮)의 단계이다.

가장 낮은 발전단계에 나타나 있는 이 문제의 추향에 관하여는 필자가 이미 이전에 연구를 끝맺고 그것을 공간한 바 있다.[2] 그

---

2  Rudolf von Jhering, Schuldmoment im römischen Privatrecht, 8-20면 참조.

결과를 여기에 몇 마디로 간추려 옮기려고 한다. 고대의 민감한 법 감정은 자기 권리에 대한 어떠한 침해나 반대도 상대방의 결백이라든가 책임의 정도 같은 것은 일체 고려하지 않고, 주관적 불법(主觀的 不法)의 관점에서 파악하고, 그에 따라 책임 없는 자에 대해서도 책임 있는 자와 동등하게 배상을 요구한다. 명백한 채무[nexum; 채무불이행의 경우에는 채무자가 판결 없이 예속상태로 되는 구속행위(拘束行爲)] 또는 자기가 상대방에게 가한 물건훼손을 부인한 자는 패소의 경우에 그 두 배를 지불하고, 마찬가지로 소유물반환청구소송(所有物返還請求訴訟)에 있어서 점유자로서 과실(果實)을 취득한 자는 그 두 배를 변상하지 않으면 안 된다. 그리고 본안소송(本案訴訟)에서 패소한 경우에는 이 밖에 소송담보금(訴訟擔保金)[공탁금(供託金; sacramentum)]을 상실하게 된다. 원고가 패소한 경우에도 동일한 처벌을 받는다. 그 이유는 그가 타인의 재물을 요구한 것이 되기 때문이다. 만일 원고가 제소한 채무액이 실제의 금액과 조금이라도 차이가 있게 되면 그 이외의 다른 점에 충분한 이유가 있다 하더라도 그 청구의 전부를 상실하게 된다.[3]

고대법의 이러한 제도나 원칙 중의 많은 것이 새로운 법에 전승되기는 하였지만, 신법(新法) 특유의 새로운 창조물은 전혀 다른 정신을 함입하고 있다.[4] 그 특징을 한 마디로 말하면, 과실(過失)이라는 척도가 일체의 사법관계(私法關係)에 결부되어 적용되어야 하는 점이다. 객관적 불법(客觀的 不法)과 주관적 불법(主觀的 不法)은

---

3  기타의 여러 예에 관하여는 Rudolf von Jhering, Schuldmoment im römischen Privatrecht, 14면 참조.

4  이에 대해서는 Rudolf von Jhering, Schuldmoment im römischen Privatrecht, 제2장 20면 이하에서 다루고 있다.

엄격하게 구별된다. 전자는 단지 책임 있는 대상물(對象物)의 단순한 원상회복(原狀回復)을 그 효과로 발생시키는 데 반해, 후자는 이밖에 벌금(罰金)이라든가 혹은 명예상실(名譽喪失)이라는 벌을 수반하게 되기도 한다. 그리고 실제로 이렇게 벌을 정당한 한계 내에 고정시켰다는 것이 중기 로마법의 가장 의미 있는 사상 중 하나였던 것이다. 기탁물(寄託物)을 부인한다든가 아니면 부당하게 인도하지 않기 위해서 배임행위(背任行爲)를 하는 수탁자(受託者), 그 신용상의 지위를 자기 이익을 위하여 이용하든가 또는 그 의무를 악의로 게을리하는 수임인(受任人) 또는 후견인(後見人)이 단순한 물건의 반환이나 그 손해의 배상만으로 그 책임이 면제될 수 있다는 것을 로마인들은 생각하지 못했을지도 모른다. 로마인은 이 밖에 우선 침해된 법감정의 충족 자체를 흡족해 하는 뜻에서, 더 나아가 이와 같은 악행을 다른 사람들이 하지 못하게 할 목적으로 각 해당자의 처벌을 요구했던 것이다. 적용한 벌 중에서는 명예상실(名譽喪失)이 가장 엄중한 것이었다. 이 처벌은 당시 로마의 사정으로는 생각해낼 수 있는 벌 중에서 가장 엄중한 것의 하나였다. 그럴 만한 까닭은 이 처벌은 그에 뒤따르는 사회적 빈척(社會的 擯斥) 이외에 모든 정치적 권리의 상실, 즉 정치적인 죽음을 몰고 오게 되어 있었기 때문이다. 권리침해가 특별한 배신행위의 특징을 띠는 경우에는 언제나 명예상실의 벌이 부과되었다. 이 밖에 재산형(財産刑)까지 부과되었고, 이것이 요즈음과는 비교할 수 없을 만큼 빈번하게 적용되었다. 부정한 사건으로 소송을 제기하게 하든가 또는 스스로 소송을 제기한 자에 대해서는 이러한 위하수단(威嚇手段)이 아주 철저하게 갖춰져 있었다. 즉 그것은 소송물의 가치의 몇 할로부터 시작하여(10분의 1, 5분의 1, 4분의 1, 3분의 1) 그 몇 배까지 올라가고, 다시 상대방의 반항을 다른 방법으로는 억누를 수 없

는 경우 무한에 이르기까지라도, 다시 말하여 원고가 선서(宣誓)에
의하여 보상으로 이만하면 충분하다고 인정하는 금액까지 올려지
기도 하였던 것이다. 특히 다음에 서술하는 바와 같은 두 가지 소송
제도가 있었는데, 피고에 대하여 더 이상 불리한 결과가 확대되기
전에 그 기도를 중지하든지, 그렇지 않으면 법규를 고의로 위반하
였다는 책임을 지고 그에 따른 처벌의 위험을 직접 감당하든지 양
자 중에서 어느 하나를 선택하도록 하였다. 즉 법무관(法務官; Prae-
tor)의 금지명령(禁止命令; prohibitorische interdicte)과 전결소권(專決
訴權; actiones arbitrariae)이 그것이다. 정무관(政務官; Magistrat) 또는
법관(裁判官)[5]이 그에게 내린 명령에 복종치 않을 때는 이 한 가지
만으로 일종의 복종거부, 반항이 되고, 그에 대한 책임을 지게 되
어 있었다. 이후 문제로 되는 것은 그저 단순히 원고의 권리뿐만
아니라 동시에 법률이 그 대표자의 권위에 기초하여 문제 삼는 것
으로 되고, 그것을 무시하는 것은 벌금으로 속죄하게 되어 있으며,
이 벌금은 원고의 몫이 되었다.

　　이러한 처벌의 목적은 형법에 있어서의 징벌의 목적과 동일하
다. 즉 우선 범죄의 개념 속에는 들어갈 수 없을 만한 침해에 대해
서도 사생활의 이익을 보호하고자 하는 실제적 목적에서, 그리고
다음으로는 침해당한 법감정을 충족시켜 법규의 무시된 권위에 명
예를 회복시킨다고 하는 윤리적 목적이 그것이다. 따라서 이 경우
에 금전은 자기 목적이 아니라 다만 목적을 위한 수단에 지나지 않
는다.[6]

---

5　[역자 주]　여기에서의 정무관(政務官)은 법무관(法務官)으로서의 정무관이
　　다. 그리고 법관(裁判官)은 전결소권(專決訴權)에 의한 심판인(審判人)이
　　다. 당시 로마에서는 소송이 2단계로 되어 있었다.

필자 개인의 견해로는 이 문제에 대한 중기(中期) 로마법에서의 규정양상은 모범적이었다. 그것은 객관적 불법(客觀的 不法)과 주관적 불법(主觀的 不法)을 동등하게 취급한 고대법(古代法)의 극단으로부터도, 그리고 민사소송(民事訴訟)에 있어서 주관적 불법을 너무 객관적 불법의 수준에까지 끌어내린 요즈음 현행법의 반대적인 극단과도 동등하게 거리를 두고, 두 종류의 불법을 상호 엄격하게 구별하고 있다. 그리고 다시 주관적 불법의 구성 안에서도 침해의 형식, 종류, 정도에 관하여 그 일체의 색향(色香; Schattirung)을 섬세한 이해력에 의하여 구별할 줄 알았기 때문에 건전한 법감정의 정당한 요구를 충분히 만족시킬 수 있었던 것이다.

유스티니아누스(Justinianus)의 법전편찬(法典編纂)으로 막을 내린 최후의 로마법의 발전단계에 눈을 돌려 보게 되면, 상속법(相續法)이 개인의 생활에 있어서나 민족의 생활에 있어서나 이렇게 중요한 의의를 가지고 있었는가라는 점에서 필자는 저으기 놀라움을 금할 수 없다. 이 도덕적으로나 정치적으로 아주 타락될 대로 타락되었던 시대가 만일 스스로 법을 제정하지 않으면 안 되었다고 한

---

6 이 점은 이른바 「복수를 목적으로 하는 소권(訴權)」(actiones vindictam spirantes)의 경우에 특히 명백하게 강조되어 있다. 이 소권에 있어서는 금전이나 재물(財物)이 문제되지 않고, 침해당한 법감정(法感情)이나 인격감정(人格感情)의 만족이 문제로 된다. "금전보다도 복수가 이유를 가진다"(magis vindictae, quam pecuniae habet rationem)(1, 2, §4 de coll. bon. 37, 6)라는 이상적 견지가 시종일관하고 있다. 그러므로 그것은 유산상속인에게는 인정되지 않고, 양도할 수 없으며, 그리고 파산했을 경우에 재단채무자가 행사할 수 없는 것이고, 비교적 단기간에 소멸하며, 여기에 덧붙여 피해자가 자기에게 가해진 불법을 전혀 느끼지 못하는 것이 확실하여 "마음에 상기되지 않았다"(ad animum suum non revocaverit)(Ⅰ. 11, §1 de injur. 47, 10)고 하는 때에는 이 소권이 발생하지 않게 된다.

다면, 그 법은 도대체 어떠한 내용의 짜임이었을까! 그렇지만 자기의 힘으로는 살아가지 못하고 피상속인(被相續人)의 재산으로 끼니를 에워가는 많은 상속인과 마찬가지로, 피폐하고 쇠미한 세대도 지난날 힘이 넘쳤던 과거 세대의 정신적 자본을 밑천 삼아 얼마간이 되었든 그런대로 버티며 살아간다. 필자가 이러한 말을 하는 것은 단지 이러한 세대가 힘들이지 않고 타인의 근로(勤勞)의 성과를 향유하기만 한다는 그러한 뜻에서만이 아니라, 어느 특정한 정신에서 생겨났을지도 모르는 과거의 업적, 창조물, 제도는 그대로 일정 기간 동안 그 정신을 유지해 나가면서 계속적으로 새로이 산출을 해낼 수 있다는 뜻에서 말한 것이다. 그러한 업적(業績), 창조물(創造物), 제도(制度)에는 그것과의 인격적 접촉에 의하여 다시 생생한 힘으로 변하는 농축된 힘이 저장되어 있다. 이러한 의미에서 고대 로마인의 끈질기고 강력한 법감정이 객관화되어 있었던 공화국의 사법(私法)도 그 다음의 제정시대에 오랫동안에 걸쳐 원기를 북돋아 주고, 또한 사회분위기를 신선하게 해주는 샘의 역할을 해낼 수 있었던 것이다. 그것은 말기 세계라고 하는 넓디넓은 사막 속에 이곳에서만은 그대로 신선한 맑은 물이 솟아오르는 오아시스였다. 그러나 전제주의의 혹심한 열풍에는 어떠한 독자적인 생명도 끝까지 감내해 견뎌내기가 어렵다. 그래도 사법(私法)만은 얼핏 도처에서 방출당해 없어져 버렸을지도 모르는 정신을 떨쳐버리지 않고 그대로 견지할 수가 있었다. 그렇지만 끝내는 이러한 사법도 신시대의 정신에 굴복하고 말게 된다. 이 신시대의 정신은 좀처럼 생겨나지 않는 징표를 지니고 있다! 그것은 전제주의의 여러 특징, 즉 엄격(嚴格), 가혹(苛酷), 안하무인(眼下無人) 같은 것으로 생각하기 쉽다. 그렇지만 실제로는 그 외양은 정반대이다. 즉 관대(寬大)와 인간미로 넘쳐흐른다. 그러나 여기에서의 관대함 그것은 전제적인 것이며, 어느 한 사람에게서 빼앗아서 다른 사람에게 옮겨주는 것이다.―이것은 전단(專斷)과 뒤얽힌 느낌만의 관대였을 따름이고, 절조 있는 관대는 아니다.―그것은 자기가 범한 불법을 다른 불법으로 보상받으려는 잔혹행위의 오리발식 덜미에 지나지 않는다. 여기에서 이 주장을 뒷받침할 수 있는 낱낱의 증거 모두를 들이댈 필요까지는 없다.[7] 개인적인 생각으로는 특히 중요하고도 풍부한 역사적 재료를 포함하고 있는 그중에서 특히 중요한 성격유형을 지적하면 그것으로서 충분하다. 그것은 채권자의 부담으로 채무자에게 보여주는 관대(寬大)와 관용(寬容)이다.[8] 필자는 채무

---

7 특히 소송벌(訴訟罰) 중에서 가장 중한 것의 폐지도 그 하나이다(필자의 저서 58면 참조). 고대법의 건전한 엄격성은 후기에 여성적인 유약함도 좋지 않게 여기던 것이었다.

8 이에 관하여 많은 증거를 제공하는 것은 유스티니아누스 법전(法典)의 여러 규정이다. 즉 보증인(保證人)에게 검색(檢索)의 항변을, 연대채무자(連帶債務者)에게 분할(分割)의 항변을 인정해 주고, 담보물건의 매각에 대해서는 2년이라는 그다지 쓸모없는 기간을 정하는가 하면, 채무자에게는 담보물건의 소유권낙찰 후에도 다시 2년의 환매기간(還買期間)을 준 것 등이다. 그리고 여기에 더욱 이 기간이 경과한 후라 할지라도 채권자에 의하여 매각된 물건의 초과대금을 유보하고 있다. 배상법(賠償法)의 부당한 확장, 대물변제(代物辨濟; datio in solutum) 및 이 경우의 교회(敎會)의 특권, 계약관계에 있는 이해관계인의 소의 이중계약관계에의 제한, 2배 이상의 이자(usurae supra alterum tantum)의 금지의 지나친 확장, 채권자에 대한 변제에 관하여 재산목록의 이익(benef. inventarii)에 의하여 상속인에게 인정되는 우선적 지위, 그리고 마찬가지로 유스티니아누스에 근거하여 채권자의 다수결에 의하여 강제된 유예에는 존경할 만한 모범으로서 콘스탄티누스 때에 처음으로 출현한 지불유예의 제도가 있다. 이와 함께 금전미지급(金錢未支給)의 소(querela non numeratae pecuniae)라든가 이른바 무인채무증서(無人債務證書; cautio indiscreta), 그리고 아나스타슈스의 칙법(勅法)(lex Anastasiana)에 관해서도 유스티니아누스는 그 발견의 공적을 제국에서의 치국의 선행자들에게 양보해야 할 사항이다. 다른 한편 왕위에 오른 최초의 사람으로서 사형집행(死刑執行)을 이른바 비인간적인 행위라고 인정하고, 인도(人道)의 견지에서 배척한 영예는 나폴레옹 3세

자에게 동정심을 갖는 것은 약한 시대의 징표라는 아주 일반적인 견해를 피력해도 괜찮을 것으로 생각한다. 취약한 시대에서는 이러한 처치의 경향을 인도주의(人道主義)라고 일컫는다. 강력한 시대라고 하는 것은 무엇보다도 채권자가 자기의 권리를 가질 수 있도록 배려하고 거래, 신뢰 신용의 안전을 확보하기 위해서 필요하다면 채무자에 대한 엄격조치까지 내리는 것을 주저하지 않는다.

이제 마지막으로 작금 시행되고 있는 로마법의 차례이다! 그러나 필자는 이에 대하여 논급하는 것을 어쩌면 얼마 안 있어 후회하게 될지도 모른다. 왜냐하면 이 가운데 몇 곳에 관해서는 필자가 소망하는 대로 근거를 대지 못하면서도 그것에 관한 판단을 서술해야만 하는 처지에 놓이게 되기도 했기 때문이다. 그렇다 하더라도 필자는 스스로 그러한 판단을 내린 것을 조금도 꺼려하는 바가 아니다.

---

(Napoleon III)에게 돌려야 한다. 물론 나폴레옹 3세는 카이엔의 키르친[단두대(斷頭臺; Guillotine in Cayenne)]에 대해서 조금도 나쁘게 생각하지 않았다. 다소 뒤늦은 후대 로마황제들이 대역죄인의 전혀 죄도 없는 자식들에 대하여 다음과 같은, 즉 "이리하여 항상 궁핍에 시달리는 자를 위해서는 죽음은 위안(慰安)이며 삶은 고문(拷問)이다"(ut his perpetua egestate sordentibus sit et mors solatium et vita supplicium〈15. Cog. adleg. Jul, maj. 9, 8〉)라는 말로써 묘사한 운명을 준비한 것과 다름이 없다. 이에 대비하여 채무자에 대한 인도는 이보다 훨씬 더 아름답게 대조를 이루는 것으로 된다! 타인의 희생에 의한 자비에 만족하는 것은 별로 유쾌한 마음자세가 아니다. 유스티니아누스가 자기의 처에게 내려준 특권부저당권(特權附抵當權)도 그의 마음의 인도적인 품성에 유래하는 것이라 할 수 있고, 그 자신이 이에 대하여 생각할 때마다 그것을 스스로 큰 위안으로 삼고 자화자찬하지 않을 수 없는 일이라 할 수 있다. 그러나 그것은 부자로부터 가죽을 훔쳐내다가 그것으로 신을 지어 가난한 사람에게 준 성(聖) 크리피누스(Cripinus)의 인도(人道)에 지나지 않는 것이다.

만일 그것을 몇 마디로 압축해서 말해야 한다면, 필자는 근대 로마법의 역사 및 적용 일반의 독특한 특징은 법의 형식이나 발전을 규정하는 여러 요소, 즉 국민적 법감정(國民的 法感情), 실천(實踐), 입법(立法)에 대하여 단순한 학식이 깃들어 있는 고유의 우월성에 있다고 피력하고자 한다. 그렇지만 이 단순한 학식의 우월함은 물론 어느 정도까지는 그 자체의 사정상 그렇다고 할 수밖에 없는 것인지도 모른다. 학자에 의하여 도입되었기 때문에 그들밖에 접근할 수 없었던 외국어로 표기된 외국법, 이것은 두 가지의 아주 다른 종류의 간간히 서로 충돌하기도 하는 이익(利益)—필자가 여기에서 말하고 있는 것은 순수하게 잡히지 않는 역사적 인식(歷史的 認識)의 이익과 법의 실제적 적응(實際的 適應) 및 진보(進步)의 이익이다—의 대립과 성쇠에 처음부터 뒤엉켜 있던 것이지만, 이 외국어에 의한 외국법의 이입에 걸쳐서, 실천은 소재(素材)를 정신적으로 사용함에 필요한 힘을 가지지 못하고, 그 결과 이론에의 끊임없는 의존, 즉 미성숙을 운명처럼 받아들이게 되었으니, 재판(裁判)과 입법(立法)에서의 분립주의(分立主義)가 중앙집권주의(中央集權主義)에로 발전해 나가려고 하는 어린 싹을 그대로 지배해 버리곤 하였던 것이다. 이러한 법과 국민적 법감정 사이의 크나큰 틈새, 즉 국민이 자기들의 법을 이해하지 못하고, 이와 반대로 법이라는 것이 그 국민을 이해하지 못한다고 해서, 거기에 어떠한 불가사의함이 있다고 할 수 있겠는가? 로마에서는 당시의 실정과 관습에 맞춰 이해될 수 있었던 제도와 원칙이 이제 와서는 그 전제를 완전히 잃게 되었기 때문에 저주(咀呪) 그것으로 탈바꿈하게 된 것이다. 그뿐만 아니라 이 세상이 존속하는 한, 재판이 이처럼 심하게 국민들 사이에 법에 대한 신앙과 신뢰를 동요케 하는 때는 결단코 없으리라. 100굴덴(Gulden)의 채무를 지고 있음을 상대방이 승인한 증서(證書)를 들고 법관 앞에 나왔을 때, 법관이 그 증서를 언필칭 무인채무증서(無因債務證書; cautio indiscreta)이므로 구속력(拘束力)이 없다고 선언하거나 또는 소비대차(消費貸借)가 채무원인이라고 명기되어 있는 증서는 2년이 경과하기 전에는 아무런 증명력(證明力)도 인정되지 않는다고 한다면, 법률가 아닌 일반인의 단순하고 건전한 오성(悟性)으로는 그에 관하여 어떻게 집고 넘어가야 하겠는가?

그렇기는 하지만 필자는 이를 낱낱이 논파하고자 하지는 않는다. 그렇게 따지는 것이 반복되면 대체 어디서 끝이 날지 알 수 없을 것이기 때문이다. 다만 필자는 우리 현재 보통법상의 법학이 범하고 있는 두 가지의 잘못―필자는 이것을 달리 지칭할 방도가 없다―만을 지적하고자 한다. 이러한 잘못은 근본적 성질에 관한 것이며, 그러면서도 불법의 진정한 원인을 그 속에 간직하고 있음은 부인할 수 없는 사실이다.

필자가 앞에서 피력한 바대로 그 첫 번째 잘못은 근대의 법학에서는, 권리침해(權利侵害)의 경우 그저 금전가치(金錢價値)뿐만이 아니라 침해당한 법감정(法感情)의 충족 여부도 따져져야 한다는 간결한 사상이 전적으로 결여되어 있다는 점이다. 근대법학의 척도는 완전히 밋밋하고 무미건조한 물질주의(物質主義)의 기준, 즉 금전적 이익 그것뿐이다. 필자는 어느 법관으로부터 들었던 다음과 같은 얘기가 떠오른다. 그것은 계쟁물(係爭物)의 금액이 너무 적어서 번잡한 소송을 하지 않고 넘어가면 어떨까 하여, 원고에게 자기가 그만한 돈을 줄 테니 소송을 중지하지 않겠느냐고 권했지만, 원고가 그 제안을 한 마디로 거절하여 아주 괘씸하게 느낀 적이 있었다는 것이다. 원고에게는 그 금전이 문제가 아니라 자기가 문제 삼는 것이 따져져야 한다고 생각하는 것을 이 법관은 깜박하고 있었던 것이다. 그렇다고 하여 우리는 이것이 그의 잘못이라고 비난하려고 하지도 않는다. 왜냐하면 그는 이 비난을 학문에 전가할 것이 뻔하기 때문이다. 로마의 법관의 관장 아래에서는 권리침해의 관념적 이익을 정당하게 만족시키기에 충분한 수단으로 되어 있었던 금전판결제도(金錢判決制度; Geldcondemnation)[9]가 우리 근대적 증거이론(近代的 證據理論)의 영향을 받아 정의(正義)가 불법을 방지하고자 내걸기는 하지만 가장 희망 없는 미봉책의 하나로 변질되고 말아 버린 것이다. 원고는 일전일리(一錢一厘)의 끝자리에 이르기까지 정확하게 그 금전이익을 증명할 것을 원고에게 요구한다. 금전이익이 별로 없는 경우에 권리보호가 어떻게 이루어질 수 있는지를 생각해 보기로 하자! 임대인(賃貸人)이 계약상 임차인(賃借人)도 공동으로 이용할 수 있게 되어 있는 정원을 폐쇄해 버렸다고 치자. 이 경우 임차인은 자기가 정원 내를 이용하는 것이 지니는 금전가치를 증명하지 않으면 안 되는 것으로 해야만 되는 것인가? 이와는 다르지만 임대인이 이사 오는 임차인이 주거에 이전하기 전에 다른 사람에게 그 주거를 임대해 버려, 그 임차인은 다른 주거를 구할 때까지 반년 동안 보기에도 딱한 하숙집에서 고생할 수밖에 없는 경우도 있다. 또 여관 주인이 전보(電報)로 방을 빌려주기로 약속해 놓고 정작 손님이 왔을 때 이를 거절하는 바람에 그 손님이 한밤중에 여러 시간을 잠자리를 구하기 위해서 찾아

---

9 필자는 본인의 연보 제18권 제1호 중의 한 논문에서 이것을 아주 자세하게 설명한 바 있다. 거기에서 논한 것은 금전배상이 우리 독일 법원을 통하여 행해지는 아주 잘못된 태도와는 달리 오늘날 프랑스의 법원은 그 금전배상을 올바르게 적용하고 있다는 점이다.

헤맨 경우, 이러한 어려움을 금전으로 환산해야 한다면 과연 얼마로 해야 할까? 아니 좀 더 정확히 말해서 이 일과 관련하여 법원에서 어떠한 보상(補償)의 대책을 얻어낼 수 있을지를 생각해 보라! 우리 독일 법원에서는 아무것도 얻어낼 수 없다! 왜냐하면 이러한 일은 프랑스의 법관이라면 아무런 주저함도 없이 문제를 처리해 버리고 마는데, 독일의 법관으로서는 불쾌함이라는 것은 그것이 아무리 심하다 하더라도 금전으로 평가할 수 없지 않느냐는 이론적 한계성에서 벗어날 수 없기 때문이다. 어느 사립학교(私立學校)에 오기로 약속한 시간 강사가 이 학교로 오기 전에 좀 더 유리한 지위를 구하여 가고 계약을 파기하였는데, 그 학교에서는 즉시 다른 강사를 구하지 못하여, 그 학교의 학생이 여러 주간, 심지어 수개월간 프랑스어나 미술수업을 받지 못한 것의 금전가치(金錢價値)를, 아니면 교장이 입은 금전적 손해가 어느 정도의 금액이 되어야 하는지도 환산해 봄 직하지 않은가. 요리사가 이유 없이 손을 끊어 그곳에서 다른 사람을 구하지 못해 주인이 어려운 처지에 빠지게 되는 경우, 어느 누구에게 이 궁상(窮狀)의 금전가치를 증명하도록 해야 할 것인가. 이와 같은 갖가지 경우에 보통법(普通法)에 따른다면 전혀 구제(救濟)의 묘책이 없다. 왜냐하면 보통법이 권리자에게 제공하는 구제는 일반적으로는 아무리 애써도 손에 넣을 수 없는 증명을 전제로 하기 때문이다. 아니 설령 그 증거를 아주 수월하게 얻을 수 있다손 치더라도, 단순한 금전가치의 청구에서는 그 불법을 겨우 한 측면에서 유효하게 방지함에는 충분하지 못할 것이다. 이렇게 하여 사실 그대로 일종의 무법상태가 생겨나게 된다. 이때에 압박을 받고 침해를 받는 것은 억압자(抑壓者)나 침해자(侵害者)인 것이 아니고, 그렇게 되어 정당한 권리가 짓밟히고 더구나 그에 대한 아무런 구제도 받지 못하는 쓰디쓴 감정으로 귀착되고 만다.

이러한 결함의 책임을 로마법에 되돌려 떠넘길 수는 없다. 왜냐하면 설령 로마법이 확정판결(確定判決)은 금전을 내용으로 해서만 내려질 수 있다는 원칙을 견지한다고 하지만, 금전판결제도(金錢判決制度)를 실제로 운용함에 있어서는 금전이익(金錢利益)뿐만 아니라 그 밖의 다른 정당한 이익도 효과적으로 보호될 수 있도록 해야 함을 알고 있었기 때문이다. 이 금전판결제도는 법관이 내린 명령의 준수를 확실하게 하기 위한 민사상 강제수단(强制手段)이었다. 즉 법관이 그에게 부과한 것을 거절한 피고는 단순한 금전적 가치만으로 채무의 이행을 면하지 못하고, 그렇기는커녕 이러한 경우의 금전판결제도는 형벌적(刑罰的) 성격을 띠게 된다. 그렇게 되어 이 소송의 결과는 원고에 대하여, 경우에 따라서는 금전으로 얻을 수 없는 훨씬 더 큰 것, 즉 진지하지 못한 권리침해에 대한 도덕적인 만족(滿足)을 줄 수도 있었던 것이다. 이 도덕적 만족이라는 사상은 로마법의 근대이론과는 전혀 관련이 없는 것으로, 이 이론은 그 사상을 전혀 이해하지 못했으며, 아직 이행되지 않은 급부(給付)의 금전가치 이외에는 아무것도 모르는 채 그대로였다.

독일의 현행법이 권리침해의 관념적 이익에 대하여 이와 같이 감수성(感受性)이 없는 것은 그대로 근대의 실천(實踐)에서 로마의 민사벌(民事罰)이 배제된 것과도 상호 관련되어 있다. 배임을 저지른 수탁자(受託者)나 수임인(受任人)은 작금 우리나라에서 명예훼손의 처벌을 받지 않는 것으로 되어 있다. 아주 지독한 흉악사라 할지라도 형벌법규를 교묘하게 피할 줄만 알고 있으면 요즈음 아무 일도 없는 듯 벌을 받지 않고 지낼 수 있다.[10] 이와는 달리 교과서에는 아직도 벌금형(罰金刑)이나 함부로 지껄이는 부인(否認)에 대한 형벌이 있는 것처럼 쓰여 있다. 그러나 재판상으로는 이미 없어져 버린 지 오래다. 이것은 도대체 어떻게 된 일인가? 이렇게 된 것은 우리나라에서는 주관적 불법(主觀的 不法)이 객관적 불법(客觀的 不法)의 단계까지 끌어내려져 있음을 말해주는 것 바로 그것이다. 그렇지 않음을 알면서도 자기가 받은 대부금(貸付金)을 부인하는 채무자와 선의로 이것을 부인하는 상속인 사이에, 그런가 하면 자기를 속인 수임인(受任人)과 그저 잘못을 저지른 데 불과한 수임인 사이에, 줄여서 말하면, 고의적이면서 모르는 척 저지르는 권리침해(權利侵害)와 부지(不知)나 과실(過失) 사이에 독일의 현행법은 오래전부터 아무런 구별도 인정하고 있지 않다.—소송의 중심을 이루는 것은 어떻게든지 드러나 있는 금전이익(金錢利益)일 뿐이다. 정의의 여신 테미스(Themis)의 저울대는 형법에서와 마찬가지로 사법에서도 불법(不法) 여부를 가늠하는 것이라고 해야 할 것이겠고, 그렇지만 단순히 금전만을 따져서는 안 된다고 하는 것은 오늘날 우리들의 법학적 사고(法學的 思考)와는 너무나 거리가 먼 것이기 때문에, 필자는 이 사상을 이렇게나마 개진하면서 다음과 같은 반론, 즉 바로 그렇기 때문에 형법(刑法)과 사법(私法)의 차별이 있는 것이 아니겠느냐 라는 항의쯤은 뒤따르려니 짐작하고 있다. 현행법에서 이러한 차별이 어떻게 구현되어 있는가? 그렇다. 확연히 구별되어 있다. 그렇지만 필자는 아! 불행하게도 라는 말을 덧

---

10  필자가 현행 로마법(84면, 본 역서 제6장)에 대하여 논술하고 있음을 상기해 주기 바란다. 필자가 여기에서 이것을 확실하게 밝혀두고자 하는 이유는 필자가 어느 한 견지에 입각하여 본문 중 위의 지적을 함에 있어서 독일 형법 제246조, 제266조를 잊고 있다는 비난을 받았기 때문이다. 필자가 현행 로마법을 비판하려고 하고 있었음을 그 사람은 5면 가량 지나면서 까맣게 잊어버리고 있었던 것이다.

붙이고 싶다. 법 자체에 관하여는 어떠한가? 아니다. 그것은 그렇지 못하다. 왜냐하면 이것을 긍정하는 자는 정의의 이념이 전혀 실현되지 않더라도 괜찮을 성싶은 법 분야가 어쨌든 존재한다는 것을 필자에게 다시 증명하지 않으면 안 되는데, 그러나 정의의 이념은 과실에 따르는 책임의 실행과는 끊을래야 끊을 수 없을 것이기 때문이다.

앞에서 말한 대로 참으로 숙명적인 것으로 되어 버린 근대법학의 두 번째의 잘못이라고 할 수 있는 것은 그에 맞춰 꾸며진 증거이론(證據理論)이다.[11] 법을 그저 유명무실한 것으로 만들어 버리기 위해서 이러한 이론이 조출되었다고 생각한다 할지라도 그렇게 잘못된 것이 아닐지 모른다. 채권자(債權者)로부터 그 권리를 빼앗기 위해서 온 세상의 채무자들이 함께 공모하였다 하더라도, 이들은 같은 목적을 위해서 우리나라 법학이 저 증거이론에 따라서 꾸며낸 이상으로 유효한 수단을 도출해 내지는 못할 것이다. 아무리 걸출한 수학자라 할지라도 우리나라의 법학이 적용하고 있는 것 이상으로 정밀한 입증방법(立證方法)을 꾸며낼 수는 없다. 그 옳고 그름의 판단 여부는 손해배상소송(損害賠償訴訟)과 이해관계(利害關係)의 소에서 정점을 이룬다. 여기에서 로마 법률가[12]의 말을 인용하여 「법이라는 미명 아래 법 자체에 가해진」 끔찍한 헛소문

---

11 이하의 서술은 이 책이 처음 나왔을 때에는(1872년) 그대로 있었던 것인데, 독일 민사소송법(1879년 10월 1일부터 시행)에 의하여 폐지되었던 당시 보통법상의 소송에 관한 것임을 상기하여 주기 바란다.

12 Paulus in Ⅰ. 91, §8 de V. O,(45, 1). … 이 점에 있어서 대부분은 법학이라는 권위 아래 아주 잘못 알려져 있다(in quo genere plerumque sub auctoritate juris scientiae peniciose erratur). 그 법률가는 이 경우 또 다른 하나의 착오를 염두에 두고 있었던 것이다.

과 프랑스 법원의 현명한 처리방법의 유익한 대조에 관하여는 최근의 많은 신저(新著)에서 각각 자세하게 서술하고 있기 때문에, 필자가 여기에서 더 이상 첨삭하지 않는 것이 좋을 듯싶다. 그래도 다음과 같은 한 마디, 즉 "이러한 소송에 덧붙여서는 어찌 되었든지 원고 이 사람아 좀 어렵겠구먼! 피고 이 사람아 잘된 일이네!"라는 말을 하고 넘어갈 수밖에 없다.

지금까지 말해 온 것 전부를 총괄하면, 이 마지막의 외침 한 마디, 소송에서의 희비 갈림의 경구, 이것은 모름지기 우리나라 근대의 법학 및 실천의 구호팻말(Parole)이라 해도 좋을 것이다. 그것은 유스티니아누스가 채택한 이래 그대로 지속되어 온 그 노선 위에 있다. 그 교감을 불러일으킬 수 있을 만한 것은 채권자(債權者)가 아니라 채무자(債務者)라는 점이다. 결국 만에 하나라도 한 사람의 채무자를 가혹하게 취급하느니보다는 차라리 백 사람의 채권자에게 공연(公然)과 불법(不法)이 돌아가게 하는 편이 더 낫지 않겠느냐는 것이다.

이 점에 관해서 제대로 알지 못하는 사람이라면, 우리들이 민법학자(民法學者)나 소송법학자(訴訟法學者)의 잘못된 이론의 바른 정점에 자리하고 있는 이 국부적인 무법(無法)이 이전보다 더욱 중대할 수 있는 힘이 있다고 한다면, 이것을 거의 믿지 않을 것이다. 게다가 이 잘못된 이론 자체도 이전의 형법학자들의 과오(過誤)에 의하여 한층 부풀려진 것이다 보니, 이 잘못이야말로 법의 이념에 대한 암살이고, 그리고 어쩌면 학문에 의해서 법감정(法感情)에 대해서 저질러진 무서운 죄업(罪業) 중에서 가장 끔찍한 것이라고 지칭되기도 한다. 필자가 말하는 것은 정당방위권(正當防衛權)의, 더 나아가 인간의 근원적 권리(根源的 權利)의 굴욕적인 위축(萎縮)인데, 이 근원적 권리는 키케로(Cicero)가 말한 대로 인간이 태어나면서부터 그대로 지니고 있는 것이라고 하는 자연법칙(自然法則; Gesetz der Natur) 바로 그것이며, 로마의 법률가들은 순박하였으므로, 이에 관하여는 이 세계의 어떠한 법에서도 거절당하지 않을 성질의 것임을 그대로 믿고 있었다("모든 법률과 온갖 법은 힘에 의하여 힘을 격퇴할 수 있음을 허용하고 있다"(Vim vi repellere omnes leges omniaque jura permittunt)). 이전의 수 세기에 걸쳐서나, 그리고 금세기에 들어와서까지도, 만일 그들이 살아 있었다고 한다면, 그 반대의 견해를 그대로 확신하려고 할지도 모른다! 많은 학자들은 원리적으로는 이 권리를 승인하면서도, 민법학자와 소송법학자가 채무자에 대하여 가지는 똑같은 심정을 범죄자에 대하여 품고 그 적용에 있어서 대부분의 경우 범죄자(犯罪者)가 보호되고 피해자(被害者)는 보호받지 못하는 방법으로 이 권리행사를 제한하고, 더욱이 감축하려고까지 해 왔다. 만일 이러한 견해를 설명하는 문헌을 뒤지며 좇아간다면 인격감정(人格感情; Persönlichkeitsgefühl)의 퇴폐, 나약함, 그저 건전하기만 한 법감정(法感情)의 완전한 타락, 쇠퇴의 깊고 깊은 심연(深淵)의 출구가 활짝 열려 펼쳐지게 되어 있다![13] 사람들은 도덕적으로 거세당한 사회에 옮겨진 것이 아닌지 의심스러워 할지도 모른다. 위험 또는 명예훼손이 임박해 있는 사람은 퇴각하고 도망치라는 명령을 받는다.[14]─이렇게 되면 불법(不法)에 대하여 양보하는 것이 법의 의무인 것으로 된다.─그렇지만 사관(士官), 귀족 및 고위관직의 사람들도 도망하여야 하는지의

---

13  이것은 레비타(K. Levita)의 저서 『정당방위론(正當防衛論)』(Das Recht der Nothwehr, Giessen, 1856, S. 158) 이하의 논문에 집약되어 있다.

14  레비타, 전게서, 237면.

여부에 관해서는 안다고 하는 식자(識者)의 의견도 나뉘어져 있다.15—이 명령을 지켜가면서 두 번까지는 퇴각해도 되지만, 세 번째에는 상대방에게 쫓겨 이에 맞서 막아 싸우다가 상대방을 쓰러뜨린 애처로운 병사는 '그 자신에게는 유익한 교훈이 되는 것이겠지만, 타방 당사자에게는 끔찍한 위협의 실례를 남게 한 것이기 때문에' 사형에 처해지게 된다!

특히 높은 신분이나 귀한 가문에 속하는 사람 및 사관들은 자신들의 명예를 방위하기 위하여 합법적인 정당방위(正當防衛)가 허용되어야 한다고도 한다.16 그러나 여기에서는 단순한 언쟁 끝에 명예훼손을 한 경우에 상대방을 죽이기까지 해서는 안 되지 않겠느냐는 자중의 제한이 직접 뒤따르고 덧붙여진다. 이와는 달리 그 밖의 사람들에게는 국가공무원이라 할지라도 이와 같은 권리를 가질 수 없다고 한다. 이렇게 되다 보니 민사의 사법관리(司法官吏)들은 "다만 법조인으로서 그 일체의 청구권을 가지기는 하지만, 각각 주법(州法; Landesrecht)의 내용에 따라야 하게 되어 있으며, 그 이상은 어떠한 요구도 할 수 없다"는 선에서 만족하여야 한다. 가장 비참한 것은 상인(商人)이다. 이를테면 "상인은 아무리 부유한 자라 할지라도 별다른 예외 없이 그 명예는 신용(信用)이다. 그들은 그저 금전을 가지고 있다는 뜻에서만 그만큼 명예를 지니게 됨에 불과하다. 또한 그들은 욕설이나 험담을 듣고 그대로 참는다 하더라도, 그리고 아주 낮은 계급에 속하고 있을 때는 슬쩍 뺨을 맞거나 발길로 차이는 것쯤을 참는다 하더라도 그다지 명예나 평판을 잃게 되는 일이 아니다"라고 하는 것이다. 그뿐만 아니라 이 어정

---

15 동서, 240면.
16 동서, 205면 및 206면.

쩡한 자가 하찮은 일개 빈농(貧農) 또는 유태인이라고 한다면, 이 규정에 위반하게 되는 경우 즉시 자력구제(自力救濟)의 금지위반이라고 하여 통상의 형벌에 처해지고, 이와는 달리 그 밖의 사람들은 다만 '될 수 있는 한, 관대하게' 처벌됨에 그치고 말 따름이다.

특히 교화적인 것은 소유권의 주장을 목적으로 하는 정당방위(正當防衛)를 배제시키려고 하였던 그 처사이다. 어느 사람들의 생각으로는 소유권은 명예와 마찬가지로 회복할 수 있는 재물이며, 전자는 소유물반환청구권(所有物返還請求權; rei vindicatio)에 의하여, 침해소권(侵害訴權; actio injuriarum)에 의하여 보호될 수 있는 것으로 여긴다. 그러나 강도(强盗)가 도망쳐 버리고, 그게 누구인지, 그리고 어디 있는지조차 모르는 경우에는 어떻게 해야 되는 것인가? 곰곰이 생각하지 않고 대답하게 되면 소유권자(所有權者)는 법률상으로는(de jure) 어디까지나 소유물반환청구권을 가지고 소를 제기할 수 있으며, "개개의 경우에 이 소가 목적을 달하지 못하는 때가 있다 할지라도 그것은 재산권의 성질 그 자체와는 그다지 관계없는 우연적인 사정의 결과일 따름이다"[17]라고 하고 말 것이다. 그렇다면 자기의 전 재산을 유가증권(有價證券)으로 바꿔 가지고 다니는 사람이 저항 한 번 해보지 못하고 그것을 모두 빼앗기고만 경우에도 안심해도 괜찮을지 모를 일이다. 왜냐하면 그는 어디까지나 소유권과 소유물반환청구권을 그대로 보유하고 있으며, 강도는 사실상의 점유밖에 아무것도 가지고 있지 못하기 때문이다! 이것은 박식하다고 하는 사람들의 권리(權利)라고 할 수 있을지 모르겠다. 온갖 건전한 개념의 완전한 변질 및 영락을 그 원칙을 방

---

17 동서, 210면.

어하기 위해서 끌어다 접합시킨다. 이와 다른 사람들은 아주 중요
한 가치가 문제로 되는 경우에는 부득이 폭력의 사용을 허용할 수
밖에 없다고 하면서도, 공격을 받은 사람은 아무리 격심한 분노가
치밀어 오르더라도 공격을 격퇴하는 데 어느 정도의 힘이 필요한
지를 아주 꼼꼼히 따져야 하는 의무가 있는 것으로 한다. ―평균적
으로 보아 어느 사람이 공격자의 두피(頭皮)의 강도를 미리 예리하
게 감지하여 올바른 구타방법의 연습을 제대로 할 만큼 했더라면
아주 가볍게 때리는 방법으로 해를 주지 않고 끝낼 수 있었을 경우
에, 공격을 받은 자가 공격자(攻擊者)의 두피를 필요 이상으로 구타
하였다면, 그것은 공격을 받은 사람 바로 곧 피공격자(被攻擊者)에
게 책임이 있다는 것이다. 그들은 공격을 받은 사람의 입장을 이를
테면 이로스(Iros)와의 결투를 각오한 오디세우스(Odysseus)의 처
지와 마찬가지로 생각한다. 오디세이(Oddyssey) 제18가(歌) 90행
(行) 이하에는 다음과 같이, 즉

　이제 꿋꿋한 수난자(受難者) 오디세우스는 어쩔까 생각하였다.
　그 자리에 죽어 나자빠지도록 힘을 다해 때려 버릴까.
　아니 가볍게 때려 그 자리에 자빠뜨리기나 할까.
　마지막 생각이 결국 망설이는 사람에게는 좋을 수밖에.
　라고 쓰여 있다.

　이에 견주어 예를 들어 금시계라든지 몇 굴덴(Gulden) 또는 몇
백 굴덴의 돈이 들어 있는 지갑과 같이 비교적 가치가 많지 않은
물건의 경우에는, 피해자는 상대방에게 조그만 피해라도 끼쳐서는
안 된다. 그 까닭은 신체, 생명 및 튼튼한 팔다리에 비하여 한두 개
의 시계쯤은 그렇게 따질 만한 것이 못된다든지, 시계는 변상할 수

있는 것이지만 신체나 생명은 변상해 메울 수 없기 때문이라는 것이다. 전적으로 옳은 말이다! 그렇지만 거기에서는 다음과 같은 것, 즉 첫째로 시계는 피공격자에게, 팔다리는 강도에게 속하는 것이며, 그리고 팔다리는 강도에게는 두말할 나위도 없이 소중한 것이지만 피공격자에게는 전혀 아무런 가치도 없다는 평범하지만 아주 중요한 사실을 그대로 묻혀 지나치고 있다. 그러므로 조금이라도 싸워서 되찾아서는 안 된다는 그 시계의 보상가능성(補償可能性)에 관해서 도대체 누가 그것을 보상해 주어야 하는 것인가? 잘못하다가 혹시라도 그에게 그것을 명하는 법관이 아닌가하는 의문이 들기도 한다.

그렇기는 하지만 좀 안다는 사람들의 우둔함과 심술궂음에 대해서는 아주 몸서리쳐질 지경이다. 개개의 권리에 있어서 비록 그것이 그 대상이 하나의 시계에 지나지 않는다 하더라도, 현상적으로는 완전한 권리와 인격성을 갖추고 있는 사람 자신이 공격받고 침해당하는 것이라는 건전한 법감정(法感情)의 올곧은 사상이 송두리째 학문의 그늘에서 사라지고, 심지어 자기의 권리의 포기와 불법으로부터의 비겁한 도망이 법률상의 의무(義務)라고까지 추켜세움을 사실로 인정하게 될 때, 우리는 얼마나 깊은 분괴(憤愧)의 정을 마음속에 되새기며 지내야 할 것인가? 이러한 견해가 버젓이 학문에 자리 잡게 된 시대에 나약한 정신과 불법의 무감각한 감수가 국민의 운명을 결정한다고 하더라도, 뭐 그렇게 놀랄 만한 일이라고 해야만 하는 것일까? 시대가 크게 한 번 변하고 있음을 경험하고 지내는 우리는 참으로 행복하다 하지 않을 수 없다. ─그러한 견해는 이제는 도저히 소생의 발돋움을 할 수 없게 되어 버리고 말았다. 그것은 정치적으로나 법률적으로 모두 타락한 국민생활의

늪지에서밖에 번식할 수 없는 것으로 된 것이다.[18]

지금까지 전개한 「나약함의 이론」, 곧 위협당한 권리를 단념하는 의무를 설명하는 이론을 가지고, 「권리를 위한 투쟁」을 이와 반대로 의무로까지 강화해야 한다는 필자가 지지해 온 견해의 극단적인 학문적 대립을 논급해 왔다. 신진 철학자 헤르바르트(Herbart)가 내세우는 법의 궁극적 근거(窮極的 根據)에 관한 견해의 수준은 건전한 법감정이라는 높이에 비추어 심히 낮다고까지는 할 수 없으나, 그것보다 꽤 낮은 언저리를 중심으로 포진되어 있다.

---

18 [역자 주] 근대 이전의 유럽사회에서의 불법행위의 성립과 그 법률효과는 로마시대 이래 대체로 개별주의로 일관하여 법정구성요건에 들어맞는 행위만을 불법행위로 여겼고, 게르만-프랑크 시대에도 개별주의적이었음에 비하여 중세시대로 접어들어서는 타인의 권리를 위법하게 침해하는 모든 행위가 불법행위의 일반요건을 갖추게 되는 것으로 파악하여 그 법적 효과로 가해자에게 손해배상책임을 지게 하였다. 여기에서 핵심이 되는 것은 손해발생의 원인을 제공한 자에게 결과에 대한 책임을 물었다는 점이다. 그리고 인과관계(因果關係)도 객관적인 판단표준에 따라 따지고, 그 결과에 맞추어 주관적 책임 여부도 결정되었다. 행위자의 주관적 요건인 과실(過失)은 그 요건으로 따지지 않았다. 그 후 로마법의 계수로 과실책임(過失責任)이 도입되어 불법행위로 인한 손해배상책임이 가해행위와 결과발생 간의 인과관계, 그리고 가해행위자의 주관적 책임요건의 과실의 여부에 따라 결정되는 제도적 합리화가 이루어졌다. 중세법(中世法)의 규정태도는 「누구든지 그 행위를 함에 있어 과실로 인해 가한 손해를 배상하여야 한다」는 식이었다.
로마법의 과실책임의 법리는 보통법(普通法)으로서의 적용을 거쳐 각국의 근대민법전에 "과실 없이 책임 없다"(Keine Haftung ohne Verschulden)는 일반원칙으로 채택되었다. 그 예의 성문규정으로는 "고의 또는 과실로 타인의 생명, 신체, 건강, 자유, 고유권 또는 기타의 권리를 위법하게 침해한 자는 이로 인하여 타인에게 발생한 손해를 배상할 의무를 진다"(독일민법 제823조 1항), "고의 또는 과실로 위법하게 타인에게 손해를 가한 자는 손해배상의무가 있다"(스위스 채무법 제41조 1항)와 같이 되어 있다.

그는 그 근거를—다른 적절한 표현이 없기 때문에 그렇기는 하지만—어느 의미에서의 심미적 동기(審美的 動機), 즉 분쟁에 대한 불쾌감(不快感)에서 구하고 있다. 여기에서 이 견해가 도대체 지지될 수 없다는 것을 설명할 필요까지는 없지만, 필자는 그것에 대해서 다른 친구의 서술을 인용하여 보는 것이 어떨까 싶다.[19] 가령 법의 평가에 즉하여 심미적 견지에 서는 것이 옳다고 한다 하더라도, 법에 있어서의 심미적인 아름다움은 법이 투쟁을 배제하는 점에 있는 것이 아니라 도리어 그것이 투쟁을 포함하는 점에 있다고 해야 옳지 않은가 하는 말이다. 그렇다. 투쟁의 윤리적 정당성을 아예 논외로 친다 하더라도, 투쟁 자체를 심미적으로만 보아 아름답지 않다고 꼽는 사람은 그야말로 호메로스(Homer)의 일리아스(Ilias)나 그리스의 조각으로부터 오늘날까지의 갖가지 문학과 예술을 말살하는 것이 아닌가 싶다. 왜냐하면 문학과 예술에서는 그 각양각색의 형식을 취하는 투쟁(鬪爭)만큼 실제로 강한 호소력을 보여주는 소재는 거의 없다 할 것이며, 조형미술(造形美術)이나 시문·예술(詩文·藝術)이 함께 찬미하는 인간적인 힘의 아주 고조된 긴장의 광경을 보고, 심미적 만족(審美的 滿足)의 감정이 아니라 심미적 불쾌(審美的 不快)의 감정을 일으키는 그러한 사람을 찾아내지 않으면 안 될 것이기 때문이다. 예술과 문학에서 최고라 할 수 있고 가장 효과 있는 문제는 언제나 인간을 위한 이념의 옹호, 즉 법(法), 조국(祖國), 신념(信念), 진리(眞理)와 같은 이념의 옹호(擁護)이다. 그러면서 여기서 말하는 각 이념에 들어서는 첫걸음인 옹호는 늘 투쟁(鬪爭)이다.

---

19 글라저(Jul. Glaser), 『형법, 민사소송법 및 형사소송법에 관한 소논문집』(Gesammelte kleinere Schriften über Strafrecht, Civil-und Strafprocess, Wien, 1868, B. Ⅰ. S. 202.)

그렇기는 하지만 무엇이 법의 본질에 들어맞는지, 아니면 그에 반하는지를 밝혀 설명해야 하는 것은 심미학(審美學)이 아니라 윤리학(倫理學)이다. 그런데 윤리학은 권리를 위한 투쟁을 비난하기는커녕, 필자가 본서에서 적시한 조건이 있는 경우에는 개인이거나 국민이거나 이 투쟁을 그 의무라고까지 드높이고 있다. 헤르바르트가 법개념(法槪念)에서 배제하려고 했던 투쟁(鬪爭; Kampf)이라는 요소야말로 이 개념의 가장 독자적이고, 이에 영원히 내재할 수밖에 없는 요소인 것이다. ─투쟁은 법의 영원한 소임(所任)이다. 소임이 없으면 소유가 있을 수 없는 것과 마찬가지로 투쟁이 없이는 법이 없다. "너의 이마에 땀을 흘려 먹을 빵을 얻지 않으면 안 된다"라는 명제에 비견되는 진리를 지니는, 즉 "너는 투쟁 속에서 너의 권리를 찾아내지 않으면 안 된다"라는 또 다른 명제도 있다. 권리는 그것이 투쟁준비(鬪爭準備)를 떨쳐버리는 순간부터 그 자신을 저버리는 것이다. ─어느 시인의 다음과 같은 잠언(箴言; Spruch)은 법에 관하여도 그대로 들어맞는 말이다. 즉

지혜의 마지막 결론은 이렇다.

          Das ist Weisheit letzter Schluß:

무릇 생활이건 자유이건,

지성 되게 싸워 얻은 것이라야,

          Nur der verdient sich Freiheit wie

          das Leben,

매일 같이 올차게 누릴 수 있는 것이다.[20]

          Der täglich sie erobern muß

---

20 [역자 주] 괴테, 『파우스트』(Faust) 제2부, 제1, 1575절에 있는 파우스트의 말.

## 루돌프 폰 예링(Rudolf von Jhering)

1818년 독일의 아우리히(Aurich)에서 법률가의 아들로 태어나 1836년 하이델베르크대학에 입학, 괴팅겐대학과 베를린대학에서 수학하고 연구하였다. 이후 바젤대학, 킬대학, 기센대학의 교수를 거쳐 1868년 빈대학의 로마법교수가 되어 정평 있는 강의로 명성을 얻었으며, 많은 연구업적을 쌓고 발전적 이론을 개진하였다. 1872년에는 귀족(貴族)의 칭호까지 수여받았다. 로마법학자로서 예링은 그 옛날 로마의 번창기를 상기시킬 만한 『로마법의 정신』(Der Geist des römischen Rechts auf den verschiedenen Stufen seiner Entwicklung)을 펴냄으로써 역사법학(歷史法學)의 화려한 최후를 장식하였는가 하면, 개념법학(概念法學)의 한계성을 뛰어넘어 목적법학(目的法學)의 활로를 개창함으로써 19세기 이후 법학의 발전, 특히 "살아 있는 법"의 기반을 구축하는 등 크나큰 공적을 남기고 1892년 대법학자(大法學者)로서의 귀한 생애를 마쳤다.

### 주요저작
Abhandlungen aus dem römischen Recht(1844)
Civilrechtsfälle ohne Entscheidungen(1847)
Das Schuldmoment im römischen Privatrecht(1867)
Über den Grund des Besitzeschutzes(1868)
Die Jurisprudenz des täglichen Lebens(1870)
Der Zweck im Recht(2 vols., 1877-83)
Vermischte Schriften juristischen Inhalts(1879)
Das Trinkgeld(1822)
Scherz und Ernst in der Jurisprudenz(1855)
Besitzwille: Zugleich eine Kritik der herrschenden juristischen Methode (1899)
Vorgeschichte der Indoeuropäer(1894)
Entwickeiungsgeschichte des römischen Rechts: Einleitung (1894)

## 정동호(鄭東鎬)

고려대학교 법과대학 졸업, 동 대학원 법학석사, 법학박사
법제처 법제조사위원회 참사, 전문위원
강원대학교 법과대학 조교수, 부교수 역임
한양대학교 법학전문대학원 교수 정년퇴임

주요저작
고대사회(古代社會), 현암사, 1978
인류혼인사(人類婚姻史), 박영사, 1981
비교법(比較法)과 사회이론(社會理論), 고려대학교출판부, 1983
법(法)과 사회변동(社會變動), 나남, 1986
재산의 기원과 촌락공동체의 형성, 세창출판사, 2007
원시사회(原始社會), 세창출판사, 2008
고대법(古代法), 세창출판사, 2009
한국가족법의 개변맥락, 세창출판사, 2014


## 신영호(申榮鎬)

고려대학교 법과대학 졸업, 동 대학원 법학석사, 법학박사
동아대학교 법과대학 전임강사, 조교수
단국대학교 법과대학 조교수, 부교수, 교수 역임
현재 고려대학교 법학전문대학원 교수

주요저작
법(法)과 사회변동(社會變動), 나남, 1986
공동상속론(共同相續論), 나남, 1987
북한법입문, 세창출판사, 1998
조선전기상속법제, 세창출판사, 2002
가족관계등록법, 세창출판사, 2009
로스쿨 가족법강의, 세창출판사, 2010
러시아 민법전, 세창출판사, 2010

## 권리를 위한 투쟁

—

**초판 인쇄**  2015년 12월 15일
**초판 발행**  2015년 12월 24일

—

**저 자**  예링(Rudolf v. Jhering)
**역 자**  정동호 · 신영호
**발행인**  이방원

—

**펴낸곳**  세창출판사
신고번호  제300—1990—63호
주소  03735 서울시 서대문구 경기대로 88 냉천빌딩 4층
전화  723—8660
팩스  720—4579
이메일  sc1992@empas.com
홈페이지  www.sechangpub.co.kr

—

ISBN  978—89—8411—585—9  93360

값 11,000원

이 도서의 국립중앙도서관 출판예정도서목록(CIP)은 서지정보유통지원시스템 홈페이지
(http://seoji.nl.go.kr)와 국가자료공동목록시스템(http://www.nl.go.kr/kolisnet)에서 이용하실
수 있습니다.(CIP제어번호: CIP2015034700)